युगान्त

(नाट्यत्रयी : 'बाड़े की घेराबन्दी',
'तालाब के पास खण्डहर' और 'युगान्त')

युगान्त

(नाट्यत्रयी : 'बाड़े की घेराबन्दी'
'तालाब के पास खण्डहर' और 'युगान्त')

महेश एलकुंचवार

अनुवाद
महेश एलकुंचवार

भारतीय ज्ञानपीठ

दूसरा संस्करण : 2019
तीसरा संस्करण : 2022

राष्ट्रभारती/लोकोदय ग्रन्थमाला : ग्रन्थांक 762

ISBN : 978-81-263-1103-3

युगान्त
(मराठी नाटक)
महेश एलकुंचवार

प्रकाशक : **भारतीय ज्ञानपीठ**
4695, 21-ए, दरियागंज, नयी दिल्ली-110 002

मुद्रक : आर. टेक ऑफ़सेट प्रिंटर्स, दिल्ली-110 032

YUGANT
(Marathi Play)
by Mahesh Elkunchwar

Published by
Bharatiya Jnanpith
4695, 21-A, Daryaganj, New Delhi-110 002
Ph. : 011-23273167/23275710
e-mail : bharatiyajnanpithsale@gmail.com

Third Edition : 2022

Price : INR. 225

आदरणीय भाभी सौ. सुनन्दा को

बाड़े की घेराबन्दी

प्रथम अंक

प्रथम दृश्य

[विदर्भ क्षेत्र के एक छोटे से गाँव धरण के देशपाण्डे परिवार की खस्ताहाल खानदानी हवेली। सामने की ओर बरामदा है। बरामदे की बायीं ओर 'अ' कमरा शयनकक्ष है। बरामदे की दाहिनी ओर 'ब' कमरा है। बरामदे के पीछे डेढ़ फीट की ऊँचाई पर बीच का कमरा है। उसके पीछे अनेक कमरों के होने का आभास मिलता है। बरामदे में अलग-अलग किस्म की टूटी-फूटी कुर्सियाँ रखी हैं। फर्श पर पुराना जाजिम बिछा है। एक झूला भी लटक रहा है। फर्श पर जीर्ण-शीर्ण मसनद पड़े हैं। 'अ' कमरे में एक नक्काशीदार शीशम का पलंग और एक भव्य दर्पण है। बीच के कमरे में लोहे के पुराने बक्से भरे पड़े हैं। रंगमंच के सामने अर्द्धगोलाकार एप्रन। यह आँगन है।

रात साढ़े दस बजे का समय। बीच वाले कमरे में एक लालटेन जल रही है। उसी के पास माँ घुटनों पर ठोढ़ी टिकाये विचारमग्न बैठी है। उस शान्ति को चीरती हुई दादी की आवाज।]

दादी : व्यंकटेश...अरे व्यंकटेश! कहाँ चला गया। कितना बज गया रे?

(किसी पुरुष के लयबद्ध खुर्राटे की आवाज)

दादी : यह वक्त मरा तो काटे नहीं कटता।

(रंजू हाथ में लालटेन और पुस्तक लेकर आती है। आते हुए दादी की अनदेखी करती है। बीच वाले घर में आकर आईने में अपना चेहरा देखती है। लट को माथे पर लटकाये वह देखने की कोशिश करती है कि वह कैसी लग रही है। प्रभा अपना बिस्तर लिये हुए आती है। रंजू पर निगाह डालते हुए माँ के समीप बिस्तर बिछाती है।

खुर्राटों की आवाज चालू रहती है।)

प्रभा : *(माँ से)* माँ, तुम कब तक राह देखती रहोगी ? अब लेट जाओ !

माँ : कितना बजा ?

रंजू : *(एकदम जोर से पढ़ने लगती है।)* डज़ हेमामालिनी गेट मिडनाइट कॉल्स ? हू वाज़ सीन प्रॅवेलिंग अराउण्ड हर स्पीन्स बँगलो ?

प्रभा : रंजू !

माँ : चन्दू से कहो कि बस स्टैण्ड पर जाकर देखे।

प्रभा : माँ आखिरी बस आकर चली गयी होगी। तू उठ। अब तो कल ही आएँगे।

(माँ उठकर अन्दर जाने लगती है।)

प्रभा : अँधेरे में कहाँ चल पड़ी ?

माँ : पिछवाड़े का दरवाजा मैं खुला ही छोड़ आयी थी।

प्रभा : माँ ! तुम ठहरो ! मैं बन्द कर दूँगी।

(माँ पुनः बैठ जाती है।)

बाहर सीटी बजाने की आवाज आती है, रंजू चौकन्नी हो जाती है। वह उठने का प्रयत्न करती है किन्तु उसी समय चन्दू आ जाता है। रंजू तुरन्त बैठकर पढ़ने लगती है।

रंजू : इज़ द विटल स्टैटिस्टिक ऑफ़ झीनिया बेबी चेंजिंग ?

चन्दू : ऐ लड़की, यह तू क्या पढ़ रही है ?

रंजू : फिल्मफेयर।

चन्दू : तेरी पढ़ाई ठीक चल रही है ?

रंजू : मास्टर जी कहते हैं, अँग्रेजी खूब पढ़ा करो, तुम्हारी अँग्रेजी सुधर जाएगी।

चन्दू : बहुत होशियार है तुम्हारा मास्टर।

(खुर्राटों की आवाज आती है।)

दादी : इधर कोई है नहीं क्या रे ? व्यंकटेश मुझ अन्धी को फेंक ही दिया क्या ?

(चन्दू दादी के पास जाकर बैठता है, उसके शरीर पर हाथ रखता है।)

दादी : बप्पा, तू आ गया ?

(दादी को समझा-बुझाकर चन्दू भीतर जाता है। दादी बिस्तर पर लेट जाती है। प्रभा माँ के पास बैठकर पुस्तक पढ़ती है।)

प्रभा : *(रंजू से)* मन में चुपचाप पढ़ रंजू।

(खामोशी। खुर्राटों की धीमी लय। एकाएक सीटी बजने की आवाज। रंजू उठकर दरवाजे की ओर जाने के लिए तत्पर होती है।)

प्रभा : *(उसने भी सीटी की आवाज सुन ली है)* दरवाजे के पास क्या है?

रंजू : कुछ नहीं।

प्रभा : तू भीतर आ जा।

रंजू : *(भुनभुनाती हुई)* जब देखो तब मुझी पर सभी गुस्सा होते हैं।

भाभी : *(बीचवाले कमरे से लालटेन लेकर अपने कमरे की ओर जाते हुए रंजू से)* मरी सभी से गाली खाती है। ठीक से पढ़ा कर। नासपीटी।

(भाभी बेडरूम में जाती है। लालटेन रखती है। खुर्राटे भरते भास्कर को देखती है। फिर पैरों में फटी बिवाइयों में मरहम लगाया। रंजू बेडरूम में आती है।)

रंजू : मुझे नासपीटी-नासपीटी क्यों कहती हैं?

भाभी : तू नासपीटी नहीं है क्या? *(समझाकर)* अच्छी तरह पढ़ाकर बिट्टी।

रंजू : माँ! आज मैं तिजोरी वाले कमरे में सो जाऊँ?

भाभी : नहीं, काका-काकी आ गये तो उसी कमरे में सोएँगे। आज तू दादी के पास सो जा।

रंजू : मैं नहीं सोती। रात-भर चिल्लाकर सबको पुकारती रहती हैं।

भाभी : फिर पराग भैया के कमरे में जाकर सो जा।

रंजू : मैं अकेली पुरुषों के कमरे में नहीं सोऊँगी।

(भास्कर करवट बदलता है। सिरहाने रखा पीतल का डिब्बा नीचे गिर जाता है। भास्कर चौंककर उठता है। डिब्बा गिरने की आवाज माँ और प्रभा ने भी सुनीं। माँ चौकन्नी हुईं।)

भाभी : *(भास्कर से)* क्या गिरा जी।

भास्कर : कुछ नहीं! सो जाइए।

भाभी : किस जमाने का पुराना डिब्बा निकाला यह?

भास्कर : यह तात्याजी का पुराना पान का डिब्बा है। सोचा, इसका उपयोग करें। कोठे पर बेकार पड़ा था।

रंजू : पान का डिब्बा और तकिये के नीचे! अजीब बात है।

भास्कर : तू बीच-बीच में चबर-चबर न किया कर। जाके सो जा।

(रंजू चली जाती है।)

भाभी : सूतक में पलंग पर क्यों सो रहे हो? सारी निवार धोनी पड़ेगी।

भास्कर : तुम्हारे लाड़ले देवर और देवरानी तो अभी तक आए नहीं।

भाभी : सुना है कि बस रद्द कर दी गयी है। पता नहीं बेचारे कहाँ फँसे होंगे।

भास्कर : *(व्यंग्य से)* पैदल आ रहे होंगे। बड़ा प्रेम रखते हैं न!

(भास्कर बीच वाले कमरे से उठकर हाथ में डिब्बा लिये मन्दिर की ओर निकलता है। भाभी आश्चर्य में पड़ती है। भास्कर माँ और प्रभा के बीच से होता हुआ अन्दर जाता है। माँ उसे एकटक देखती है। भास्कर तेजी से अन्दर जाकर एक क्षण में ही पुनः लौटता है। उसके हाथ में अब डिब्बा नहीं है। माँ उसे ध्यान से देखती है। वह कुछ सकपका जाता है।)

भास्कर : माँ! तुम सो जाओ। आज अब सुधीर आनेवाला नहीं।

(माँ चकित। भास्कर बेडरूम में जाता है। भाभी कुतूहल से उसे देखती है।)

भास्कर : *(अकारण अपना पक्ष स्पष्ट करते हुए)* देव घर का दरवाजा किसने खुला छोड़ दिया था? चूहों ने भीतर ऊधम मचा रखा है।

भाभी : सूतक में तुम देवघर में क्यों गये? माँ क्या कहेंगी? यही सब तो...।

(भास्कर लेट जाता है। भाभी उठकर बीचवाले कमरे के पिछले दरवाजे पर जाकर पुकारती है।)

भाभी : चन्दू भैया, रात में लकड़ियों का काम अब रहने दो। दादी को

पहले बिस्तर पर सुला दो *(फिर बीच वाले कमरे में आकर माँ से)* आपको कुछ और चाहिए?

(खामोशी। भाभी बेडरूम में जाती है। माँ उठकर भीतर जाने लगती है।)

प्रभा : अब कहाँ चल पड़ीं?

माँ : उसने रसोई घर की खिड़की बन्द नहीं की होगी।

प्रभा : तू अब किसलिए इन बातों में उलझी रहती है?

(माँ तब तक जा चुकी है।)

प्रभा : ठहरो! मैं आती हूँ। अँधेरे में अकेले मत जाओ।

(प्रभा लालटेन लेकर जाती है। भाभी लालटेन धीमी करके लेट जाती हैं। कुछ देर खामोशी! बाहर टार्च का प्रकाश फैलता है। उतावली का स्वर। किसी स्त्री का स्वर, 'हाय मैं...' पुरुष स्वर 'सँभल के...' फिर सुधीर और अंजली डरे हुए प्रवेश करते हैं। उनके हाथों में बैग है। रुककर सुधीर दादी की ओर देखता है। अंजली का पल्लू किसी चीज में फँसकर फट गया है। उसे वह सँभालने का प्रयत्न कर रही है।)

सुधीर : लगता है सब लोग सो गये। *(रुककर)* तू अन्दर चल।

अंजली : मैं पहले अन्दर नहीं जाऊँगी।

सुधीर : दादी को हमारे आने की खबर नहीं है।

अंजली : तुम पहले भीतर जाकर माँ से मिलो। आज पाँच दिन बीत चुके हैं।

सुधीर : हिम्मत नहीं पड़ रही है। तू चल।

अंजली : एक बार कह दिया न। ऐसे मौकों पर तुम्हें ही आगे होना चाहिए।

(खामोशी। दोनों बीचवाले कमरे में आते हैं। भीतर से भास्कर आता है। कुछ क्षणों तक कोई कुछ नहीं बोलता।)

भास्कर : तार कब मिला?

सुधीर : परसों। तुरन्त ही निकला।

भास्कर : अच्छा? मैंने सोचा क्या हो गया। आज भी दस बज गये। सोचा

तार मिला कि नहीं।

सुधीर : गाड़ी अमरावती में लेट हो गयी। कोई बस भी नहीं थी। इसलिए अन्त में टैक्सी करनी पड़ी अमरावती से।

भास्कर : तात्याजी ने थोड़ा भी मौका नहीं दिया। सन्ध्या-वन्दन करके उठे और वहीं पर भहरा पड़े। मैं तात्याजी! तात्याजी! चिल्लाता रहा पर कौन सुनता है।

सुधीर : माँ कैसी हैं?

भास्कर : वैसे ठीक हैं। तुम्हारे रास्ते पर आँखें बिछाये बैठी हैं। वैसे हम उसे एक घड़ी के लिए भी अकेला नहीं छोड़ते। लेकिन वह तो तुम्हारे नाम की ही माला जप रही हैं।

(भाभी अपने कमरे से आती है। सुधीर को देखकर अपना पल्लू आँखों से लगाती है। अंजली भी पल्लू आँखों से लगाती है।)

भाभी : आखिरी भेंट नहीं हो पायी न। तुम लोगों और अभय में उनके प्राण अटके थे। कितनी ही बार तुम्हारे और अभय के बारे में पूछते थे।

(विराम)

सुधीर : इतनी बीमारी में तुम लोगों ने उन्हें सन्ध्या-पूजा क्यों करने दिया?

भाभी : तुम्हें तो अच्छी तरह मालूम है। किसकी शामत आनी थी जो उन्हें कुछ कहता। कितना भी ज्वर चढ़ा हो किन्तु ऐसा कभी नहीं हुआ कि स्नान न किया हो। अशक्त इतने कि पापड़ तोड़ना भी मुश्किल। फिर भी वे देवमन्दिर में गये। नहा-धोकर, सन्ध्या-पूजा करके चले गये। इतना पुण्यवान मरण। *(रुककर)* अभय को नहीं ले आये। तात्याजी उससे कितना स्नेह करते थे।

सुधीर : उसका यूनिट टेस्ट हो रहा है। इस वर्ष बारहवीं कक्षा है।

भास्कर : माँ को उसकी बहुत याद आती रही।

अंजली : ऐन मौके पर आजकल रिजर्वेशन भी कहाँ मिल पाता है?

सुधीर : दीवाली के समय भेजूँगा।

भास्कर : भेज देना। खुशी और गमी के मौकों पर तो हम लोगों को इकट्ठा होना ही चाहिए।

भाभी : सामान रखकर पहले मिल लो।

भास्कर : आज तुम लोग तिजोरीवाले कमरे में सो जाओ।

सुधीर : क्यों? कोठे पर ठीक रहेगा न।

भास्कर : कोठा तुमने बहुत दिनों से देखा नहीं न। देखोगे तब जानोगे।

(माँ भीतर आती हैं। उनके आने की आहट से खामोशी छा जाती है। सुधीर और अंजली साहस करके बीच वाले कमरे में आते हैं। माँ खड़ी हैं। वे सुधीर को देखती हैं, जमीन पर बैठ जाती हैं। जमीन की ओर नीचे देखती रहती हैं। सुधीर माँ के सामने बैठ जाता है। खामोशी।)

सुधीर : तार बहुत देर से मिला...

(माँ एकाएक फफक-फफककर रो पड़ती हैं। कुछ क्षण रोते-रोते बीतता है।)

माँ : सिर से साया उठ गया रे!

(खामोशी। बीच के कमरे के दरवाजे पर खड़ी भाभी आँखें पोंछती है। भास्कर निर्लिप्त रहता है।)

भास्कर : तुम्हारे लाड़ले देवर ने लड़के को साथ ले आने की जरूरत नहीं समझी। आज पाँच दिन बाद परायों की तरह आये हैं।

भाभी : अब जाने भी दो। आ तो गये न।

भास्कर : दीवाली पर भेजेंगे। अरे ऐसे वक्त पर तुम कैसी बात कर रहे हो।

भाभी : अब इस मौके पर तुम चुप ही रहो।

भास्कर : एक बात कहूँ...

भाभी : बोलकर ही तो किये-कराये पर पानी फेर देते हो।

भास्कर : मेरी जान जल जाती है। अरे कहाँ तो तुम्हारा बाप मरा पड़ा है और तुम्हें रिजर्वेशन की फिकर लगी है। अब तुम्हीं बताओ ऐसी प्रवृत्ति के लिए क्या कहा जाए?

भाभी : मुम्बई की लड़की। उसकी सारी जिन्दगी वहीं बीती। शादी के पहले भी शादी के बाद भी। कोंकणस्थों की लड़की। तुम्हारे लोगों के लिए वह क्यों दु:खी होने लगी? क्रिया-कर्म हो जाने तक कुछ भी बोलना नहीं है।

(चन्दू बाहर से आता है।)

भाभी : इधर कहाँ से आ रहे हो तुम?

चन्दू : गाय को पानी पिला रहा था।

भाभी : चन्दू! तुम तो बस स्टैण्ड पर जाने वाले थे?

चन्दू : मैं तो पहले ही जाकर आ गया।

भाभी : तो आये नहीं, सुधीर भैया?

चन्दू : बस तो कैन्सिल हो गयी न।

भाभी : अब इनको देखो।

चन्दू : *(सामने रखे बैग को देखकर)* अरे! आ गये क्या?

भाभी : आते नहीं तो क्या रात-भर वहीं पड़े रहते? तुमने ठीक से पूछताछ की थी कि नहीं? या किसी चौतरे पर बैठकर गप्पें हाँकते रहे।

(सुधीर आता है। चन्दू की ओर अनदेखा करके धप्प से बैठ जाता है।)

भाभी : *(खिलखिलाकर हँसते हुए)* जानते हो टैक्सी से आये हैं वे लोग। वे क्या हमारी तरह बस में यात्रा करते हैं?

सुधीर : माँ एकदम टूट गयी हैं। नहीं क्या?

भाभी : सुधीर भैया! यह धक्का किसी भी औरत को ऐसे ही असह्य होता है।

(अंजली अन्दर से गोलियाँ लेकर आती है।)

अंजली : यह गोली खा लो।

भाभी : ये गोलियाँ किसलिए?

अंजली : आजकल जरा-जरा-सी बात पर इनका रक्तचाप बढ़ जाता है।

भाभी : ऐसा लगता है सुधीर भैया कि बैंक में खूब पैसे जमा हो गये हैं। इसीलिए अमीरों के रोग से मित्रता कर ली है।

अंजली : ले लो। यात्रा में लेना भूल गये थे।

भाभी : इतना नर्वसनेस अच्छी बात नहीं। *(अंजली से)* तू भी पक्की इन्तजामी है। इतनी भाग-दौड़ में भी गोली ले आना नहीं भूली। अरे! यह पल्लू कैसे फट गया?

अंजली : घर में आते समय ट्रैक्टर में फँस गया।

सुधीर : यह ट्रैक्टर भी एक बला है। कितने दिन इस तरह दरवाजे पर पड़ा रहेगा?

भाभी : भैया! वह तो वहीं रहेगा। शंकर की पिण्डी के सामने नन्दी नहीं

रहता क्या? उसी प्रकार धरण गाँव के देशपाण्डे के बाड़े में आते-आते सबसे पहले ट्रैक्टर दिखाई पड़ता है। अच्छा, अब उठो और तुम दोनों थोड़ा खा लो।

सुधीर : नहीं, नहीं।

भाभी : नहीं क्यों? सब तैयार है।

सुधीर : मन ही नहीं हो रहा है।

भाभी : भैया, जानेवाला चला गया। इसलिए क्या कोई खाना-पीना छोड़ देता है। चलो उठो। जो पीछे बचे रहते हैं उन्हें सब-कुछ बरकरार रखना पड़ता है। उठो।

दादी : व्यंकटेश...कितना बज गया रे?

सुधीर : तात्याजी के जाने की खबर दादी को दी गयी?

भाभी : उनसे कहा जाय तो क्या कहा जाय! कान से सुनतीं नहीं, आँख से देखतीं नहीं। उन्हें कुछ पता ही नहीं चलता। बैठकर टुकुर-टुकुर देखती रहती हैं। हर पन्द्रह मिनट पर पूछती हैं—कितना बजा? लेकिन कोई तकलीफ नहीं देतीं। भोजन के समय थाली के सामने बिठा दो। रात होने पर बिस्तर पर लिटा दो। घर में इतना उपद्रव हुआ, उनका अपना बेटा चला गया। लेकिन उन्हें कुछ खबर नहीं। सचमुच सुखी जीव हैं। अच्छा, चाय तो पियोगे? या वह भी नहीं?

सुधीर : चाय ले लेंगे।

भाभी : मैंने सोचा, कहोगे कि चाय पीने से नींद उड़ जाती है। *(उठकर जाते-जाते)* अंजली तब तक तू भी नहा-धोकर तैयार हो जा।

(दोनों के चले जाने पर सुधीर दादी को एकटक देखता है। अचानक दादी के शरीर पर धूल गिरती है।)

दादी : अरे बाबा! यहाँ कोई है नहीं क्या?

(सुधीर उठकर दादी के पास जाने का विचार करता है। फिर विचार बदलकर बैठा रहता है। प्रभा आती है।)

सुधीर : कहाँ थी इतनी देर?

प्रभा : कोठी में बैठी थी। सोचा तुम लोगों का तमाशा समाप्त हो जाए। तुम सभी गमगीन हो। मुझे कोई दुःख-वुख नहीं हुआ है।

सुधीर : हो गया तुम्हारा शुरू?

प्रभा : *(रुँधे गले से)* आखिरी क्षण तक तात्याजी ने मुझसे बात नहीं की।

सुधीर : प्रभा! रोओ नहीं।

प्रभा : मैं रो नहीं रही हूँ। तात्याजी के जाने पर रोयी तो भाभी थीं, गला फाड़कर, माँ से भी ज्यादा जोर-जोर से। भास्कर तो जमीन पर गिर पड़ा था। मैं पब्लिक लायब्रेरी में गयी थी। किसी ने सूचना तक नहीं भेजी। पराग-अंजू सभी घर पर ही थे।

सुधीर : किसी को ध्यान नहीं आया होगा।

प्रभा : हाँ, हाँ, तुम तो उन्हीं का पक्ष लोगे।

सुधीर : आते-आते तुम्हारा फिर वही शुरू हो गया।

प्रभा : बाप का साया सिर से उठ जाने पर लड़की का कुछ भी ठीक नहीं रहता।

सुधीर : प्रभा! तुम्हें किस बात की कमी है?

प्रभा : अब तुम्हारे फेंके गये टुकड़े खाकर मुझे रहना पड़ेगा। तुम्हारा क्या। उठकर मुम्बई चल दोगे। तुमसे कहती हूँ सुधीर। तात्याजी को गये पाँच दिन ही हुए और पाँच दिन में ही भाभी बदल गयीं। घर की चाबियाँ भाभी की कमर में पहुँच गयीं। माँ की जगह बीचवाले कमरे के अँधेरे कोने में बन गयी। जब तक तात्याजी जीवित थे, भाभी के पाँवों की आहट कभी बरामदे तक भी नहीं आती थी। पाँच दिनों में ही उसकी आदेश-भरी आवाज बाड़े के बाहर से ही सुन लो।

सुधीर : *(ऊबकर)* मैं स्नान कर लूँ?

प्रभा : भाभी नहाने गयी हैं। तुम अभी रुक जाओ। मेरी किताबें ले आये हो?

सुधीर : प्रभा! यह भी कोई समय है ऐसी बातें पूछने का?

प्रभा : तुम हाँ या ना में जवाब दो।

सुधीर : तू मूर्ख है! कैसा वक्त और कैसा प्रसंग?

प्रभा : मैंने कितने दिन पहले तुम्हें लिस्ट भेजी थी। इसलिए कि जब भी आना लेते आना। मैंने तो यही सोचा कि लेकर रखी होंगी तो ले ही आये होंगे। तीन-तीन, चार-चार वर्ष तक तुम यहाँ आते कहाँ हो?

सुधीर : दादी और माँ के लिए शालें लेकर रखी हैं। ऐसे समय में वह

भी नहीं ले आ पाया।

प्रभा : दादी के लिए शाल? कभी किसी ने उन्हें नया वस्त्र पहनाया है? उनकी शाल तो भाभी के बक्से में पहुँच जाएगी। दादी का क्या! उनके शरीर पर तो पुरानी चद्दर ही बहुत है। इतना बुढ़ापा भी भगवान किसी को न दे।

सुधीर : क्या तुम बुढ़ापे से अपने को बचा लोगी?

प्रभा : इतना जीना ही किसको है?

सुधीर : क्या यह अपने हाथ की बात है?

(अंजली आती है।)

अंजली : पानी निकालकर रखा है। नहाने जा रहे हो न?

(सुधीर जाता है।)

प्रभा : क्या तुम्हारा भी चीथड़े लपेटने का समय आ गया?

अंजली : अरे नहीं, आते समय ट्रैक्टर में पल्लू फँस गया था।

प्रभा : या जान-बूझकर यहाँ दिखाने के लिए।

सुधीर : *(भीतर से)* अंजली! मेरा टावेल दे।

अंजली : आयी! *(जाती है।)*

(खामोशी। दादी के शरीर पर धूल गिरती है।)

दादी : व्यंकटेश...कितने चूहे दौड़ रहे हैं? व्यंकटेश—जरा देख न।

(प्रभा दादी की ओर देखती रहती है। अपने विचारों में डूबी हुई। प्रकाश धीरे-धीरे कम होता है। पहला दृश्य समाप्त।)

द्वितीय दृश्य

[पुनः प्रकाश। दूसरे दिन की सुबह। सभी चाय ले रहे हैं। रंजू लटें सँवारती हुई आती है।]

रंजू : मुझे भी चाय दो।

प्रभा : पहले अपने बाल ठीक कर।

सुधीर : जाकर पराग को बुला ला।

रंजू : पहले मुझे चाय दो।

भाभी : पराग सवेरे ही बाहर चला गया। चाय पीकर।

सुधीर : व्यायाम-फ्यायाम करता है क्या?

प्रभा : व्यायाम! गाँव-भर के घूर सूँघने का व्यायाम।

भाभी : *(बात बदलकर)* अंजली! अपनी साड़ी तो सी लो। कितना बड़ा चीरा निकला है पल्लू में। आते-आते ही हमारी देवरानी जी को ट्रैक्टर ने प्रसाद दे ही दिया।

भास्कर : अरे सुधीर! तुम्हारी मुम्बई में कोई ट्रैक्टर खरीदने वाला मिले तो देखो।

भाभी : अब लो। मुम्बई में लोग क्या ट्रैक्टर में बैठकर ऑफिस जाते हैं? आप भी!

भास्कर : अरे ऐसा क्या है जो उस शहर में नहीं खप जाता।

सुधीर : मुम्बई में ट्रैक्टर कौन खरीदेगा? फिर अब उसमें बचा ही क्या है। आधे से ज्यादा तो जमीन में धँसा पड़ा है। जब भी आता हूँ तो बीता-भर और धँसा दिखाई देता है। पतरे सड़कर टूटने लगे हैं।

भास्कर : बीस वर्षों में उसे कभी चलाया किसीने?

सुधीर : पानी में गये ट्रैक्टर के पैसे। इसे कभी का बेच देना चाहिए था।

भास्कर : तात्याजी के रहते किसकी शामत थी जो बेचने की बात करता? उन्हीं की रट थी। ट्रैक्टर ले आऊँ, ट्रैक्टर ले आऊँ। ले आये। लगा कि कुछ उपयोग होगा। पर कुछ नहीं! एक तो अपनी सारी जमीन कास्तकारों के पास है। उन्हें लगा कि मालिक ट्रैक्टर ले आये हैं तो खुद खेती करेंगे। सारे के सारे खिलाफ हो गये। ट्रैक्टर भी दस बार खराब हुआ। खराब हुआ तो बिगड़ा ही पड़ा रहा।

भाभी : इस देहात में मिस्त्री भी कहाँ मिलते हैं। एक बार बिगड़ा तो हो गया।

सुधीर : गाँव के लोगों को किराये पर दे देना चाहिए था।

भास्कर : अरे इस देहात में इतनी जमीन है किसके पास? दो एकड़, पाँच एकड़ हद से हद बारह एकड़। इतनी जमीन के लिए कौन ले जाता तुम्हारा ट्रैक्टर। मैंने कोशिश की। किन्तु लोगों को भी तो

अनुकूल पड़ना चाहिए। मैंने उसी समय तात्याजी से कहा था। इसकी जगह पर तो हम पन्द्रह भैंसें खरीदकर डेरी शुरू करें।

रंजू : इसकी जगह पर एक अच्छी मोटरकार क्यों नहीं खरीदी?

भास्कर : तेरे बाप को मोटरकार से दूध निकालना नहीं आता, इसलिए...

भाभी : भैया! पहले जमाने में अमीरों के दरवाजे पर हाथी नहीं झूमते रहते थे? नये जमाने में देशपाण्डे वंश ने अपने घर के सामने ट्रैक्टर लाकर खड़ा कर दिया। जरूरत हो, न हो। अमीरी दिखाना है। घर के सामने ट्रैक्टर और पिछवाड़े एक मियाना।

भास्कर : तुम्हें उसी मियाने में बिठाकर लाया गया था। लगता है भूल गयीं।

भाभी : भूलूँगी कैसे? जब से आयी हूँ, हम दोनों पिछवाड़े ही तो पड़े हैं। और चाय ले आऊँ क्या?

सुधीर : नहीं।

भाभी : इच्छा हो तो बता दो। नहीं तो रसोई में जाती हूँ।

सुधीर : भोजन आप ही बनाती हैं?

भाभी : नहीं तो और कौन है?

सुधीर : गजानन कहाँ गया?

भाभी : भैया! गजानन को गये तो तीन वर्ष हो गये। बस स्टैण्ड के होटल में खाना बनाता है। खाना बनानेवाला कोई न हो तो बहुत कष्ट होता है। रसोइया न रहने से सचमुच हॅण्डीकैप हो जाता है।

रंजू : पराग है न! वह गजानन के साथ तम्बाकू खाता है।

भास्कर : नमकहराम है कमबख्त। इसके आजा और बाप ने जिन्दगी-भर देशपाण्डे के घर का चूल्हा सँभाला। क्या इसको इस बात का पता नहीं?

भाभी : है किसको? एक-एक करके सारे ही तो छोड़कर चले गये। एक-एक आदमी के पीछे चार-चार नौकर रहते थे। उनकी बात भी ठीक है। जितना उन्हें बाहर मिलता है, उतना पैसा हम उन्हें देते हैं क्या?

भास्कर : यह बताओ! मुसीबत के समय में उनके साथ कौन खड़ा होता था? आगे भी हम मदद करते रहते। मैंने गजानन के पास सन्देश भेजा था कि सूतक है त्रयोदशाः तक सँभाल दो। लेकिन भड़वा नहीं आया।

सुधीर : सूतक का छूत-छात माँ को चलता है क्या?

भाभी : ले लेती हैं। आजकल सब चलता है।

भास्कर : छुआछूत को लेकर माँ बहुत चिड़चिड़ाती हैं। तुम कल्पना नहीं कर सकते। तुम्हारा मुम्बई में ठीक है *(दादी की ओर देखकर)* यहाँ सब-कुछ ठीक ही है। छूत-अछूत, पवित्र-अपवित्र जैसी सभी बातों से ये बेचारी पूरी तरह मुक्त हैं।

भाभी : मन से तो भैया मुझे भी अच्छा नहीं लगता। लेकिन दुःख के ऐसे दिन हो गये हैं कि क्या कहें! *(उठते-उठते)* अरी ऐसी निठल्ली बैठी न रह। नहा-धोकर रसोई में मदद करने आ जा।

रंजू : मुझे फर्माइशी गाने सुनने हैं।

भाभी : देखा इसका बहाना?

अंजली : मैं आती हूँ न।

भाभी : नहीं, तू रहने दे। हमारे देशस्थों के पचड़े में तेरा दम घुट जाएगा।

सुधीर : भाभी, वह क्या कोई नयी नवेली है। बीस साल हो चुके हैं हमारी शादी के।

भाभी : नयी नवेली हो या बूढ़ी। इससे तो अच्छा होगा जब चन्दू भैया राशन ले आएँ तो उसे घर में भरके रख देना। *(भास्कर की ओर देखती है)* चन्दू भैया, आज राशन ले आना है।

चन्दू : ले आता हूँ।

भाभी : और हाँ भिवा ने लकड़ियाँ चीर दी हैं। लेकिन कमबख्त ने भीतर नहीं रखीं।

चन्दू : मैं लाकर रख देता हूँ।

भाभी : तुम चन्दू को राशन ले आने के लिए नागरमल की दूकान पर भेजो। चिट्ठी लिखकर दे दो।

भास्कर : क्यों? *(एकाएक चुप्पी)* क्या हुआ रे?

चन्दू : बंसीलाल पहले की उधारी का पैसा माँग रहा था।

भाभी : *(सुधीर से)* कल दो माचिस के डिब्बे के लिए चन्दू गये थे उसने वापस कर दिया।

भास्कर : उस कमबख्त से कहो कि धरण गाँव के देशपाण्डे किसी का कर्ज लेकर नहीं मरते। तात्याजी मर गये तो क्या हुआ, हम सभी तो जिन्दा हैं। घर का छान-छप्पर बेचना पड़े तो भी उसके पैसे देंगे। इसका बाप मारवाड़ से खाली एक लोटा लेकर आया था।

अपने तबेले में ही आकर गृहस्थी बसायी थी। आज वह दिन भूल गया? चन्दू, तू भी उस दो कौड़ी के आदमी की बात सुनकर चुपचाप चला आया?

भाभी : किसके सामने मुँह खोलते हैं चन्दू भैया? सचमुच सुधीर भैया, आप ही बताइए क्या किया जाय?

(खामोशी, भास्कर, सुधीर असमंजस में)

मैं थैले निकालकर रखती हूँ। *(जाते-जाते)* अब दस-पन्द्रह दिन तो खर्च-ही-खर्च है।

भास्कर : *(उठते हुए)* मैं आगे चलता हूँ। तू थैले लेकर आना। शक्कर के लिए बोरी ले आना।

(चलता हूँ। चन्दू भीतर जाता है।)

रंजू : कितना बजा है काका?

सुधीर : आठ।

रंजू : आठ? हमारी फर्माइश का प्रोग्राम कर दिया न चौपट! मेरा ट्रांजिस्टर कहाँ गया?

(तेजी से भीतर जाती है। भीतर से आते हुए चन्दू से टकराती है। चन्दू थैले लेकर बाहर जाने की तैयारी करता है।)

सुधीर : बहुत सारा राशन लाना है क्या रे?

चन्दू : श्राद्ध का सारा सामान ले आना है।

सुधीर : अच्छा! *(चन्दू चला जाता है)* तुम्हारी समझ में आया?

अंजली : धीरे बोलो।

सुधीर : इनकी अपेक्षा थी कि पैसे मैं दूँगा।

अंजली : मुझे इस चक्कर में मत घसीटो।

सुधीर : इनका विचार क्या है? जब हम यहाँ नहीं होते तब क्या करते हैं?

अंजली : मेरे पीछे क्यों पड़े हो। मौके पर तो तुम्हारी बोलती बन्द हो जाती है। और व्यर्थ कष्ट देते हो।

सुधीर : इस बार मैं साफ-साफ बोलने वाला हूँ। इसे हमेशा के लिए साफ करना होगा।

अंजली : पिछले दस वर्षों से मैं तुम्हारा यह रेकार्ड सुन रही हूँ।

सुधीर : अरे! तब तात्याजी जिन्दा थे।

अंजली : अब माँजी हैं।

(चन्दू आता है।)

सुधीर : अरे तू तो राशन लाने गया था न?

चन्दू : नहीं! भैया ने बीच से ही वापस भेज दिया।

सुधीर : *(उठते हुए)* अंजली, मेरा शेविंग बॉक्स निकाल दे।

चन्दू : सुधीर...

(सुधीर प्रश्नसूचक दृष्टि से देखता है।)

नहीं, मतलब यह कि भैया ने तुम्हारे पास भेजा है। तुम्हारे पास हों तो सात-आठ सौ रुपये माँगे हैं।

सुधीर : *(अंजली की ओर देखता है। वह उसी की ओर देख रही है किन्तु नजर मिलते ही वह दूसरी ओर देखने लगती है।)* अरे इतने पैसे एकदम कहाँ से लाऊँ मैं? तार मिलने पर इतनी जल्दी में निकला कि बैंक जाने का समय ही नहीं मिला।

चन्दू : ठीक है। रहने दो। भाभी से पूछता हूँ।

(सुधीर जाता है। चन्दू बीच वाले कमरे में जाता है। एक चटाई पर माँ बैठी हैं। उसके सामने से चन्दू जाता है।)

माँ : चन्दू?

चन्दू : अभी आया।

माँ : राशन ले आया?

चन्दू : नहीं! ले आना है।

माँ : सवेरे कुछ खाया कि नहीं?

चन्दू : नहीं।

अंजली : कुछ पोहे-ओहे दो कौर खा ले बाबा। कब तक भूखा रहेगा?

(भाभी शीघ्रतापूर्वक भीतर से आती हैं।)

भाभी : *(कुछ चढ़े स्वर में)* अरे अभी तक तो किसी ने भी कुछ नहीं खाया।

माँ : नहीं बहू! कल उसका गुरुवार का व्रत था। रात को खाना नहीं खाया था। इसलिए कहा।

भाभी : उनका अकेले का गुरुवार था क्या? आप क्यों इन बातों की चिन्ता में पड़ी रहती हैं? छोड़िए इन बातों को। नहीं तो क्या?

चन्दू : भाभी! पैसे का कोई प्रबन्ध करना चाहिए।

भाभी : अब क्या हो गया?

चन्दू : भैया ने सुधीर से पूछने के लिए भेजा था। उनके पास इतने रुपये नहीं हैं।

भाभी : अब मैं भी कहाँ से ले आऊँ?

चन्दू : सारा राशन ले आना है। बंसीलाल उधार नहीं दे रहा है। सात-आठ सौ तो चाहिए ही।

भाभी : मेरे दाँत उखाड़कर ले जाओ।

माँ : बहू ऐसा क्यों बोलती हो? उनका यह अन्तिम खर्च है। क्रिया-कर्म तो ठीक से होना चाहिए।

भाभी : यह ठीक है कि ठीक-ठाक होना चाहिए। परन्तु सब मिलकर खर्च करें तो क्या कुछ बिगड़ जाएगा? बाप तो सबके थे न! क्या देशपाण्डे खानदान की इज्जत बचाना हमारी ही जिम्मेदारी है? *(चन्दू से)* उनसे कहो घर आएँ और हमारे शरीर पर जो टूम-टाम बचे हैं, लेकर जाएँ।

माँ : बहू थोड़ा ठहरो। मैं देखती हूँ।

(माँ उठती है। कोने में रखी एक सन्दूक खोलती है। साड़ी की तह से कुछ नोट निकालकर चन्दू को देती है)

माँ : इतने में होगा क्या रे? मेरे पास तो बस इतने ही हैं।

चन्दू : माँ! तुम अपने पैसे अपने पास ही रहने दो।

माँ : अरे बाबा! मुझे क्या करना है। जाने से पहले इन्होंने मुझे दिया था। वक्त-जरूरत के लिए ही लाकर रखा था। उनके पैसे उन्हीं के काम में खर्च होने दे।

(भाभी यह सब देखकर पाँव पटकती हुई अन्दर जाती हैं।)

चन्दू : *(जाते-जाते)* तुमने बेकार में दिये पैसे।

माँ : *(धीरे से)* बस स्टैण्ड पर होटल से लेकर कुछ खा लेना।

(चन्दू थैले लेकर जाता है। प्रभा यह सब देखती है, पर बोलती नहीं। बीचवाले कमरे में अँधेरा है। बरामदे में प्रकाश है।)

प्रभा : देखा! कैसे चुपचाप निकल गया। दिन-भर नौकर की तरह खटता रहता है।

अंजली : कहीं काम पर क्यों नहीं लगवा देतीं?

प्रभा : घर पर फिर कौन खटेगा? तुम तो चार-चार वर्षों में चार दिन के लिए मेहमान की तरह आती हो। यहाँ का कुछ भी तुम्हारी समझ में नहीं आएगा। *(रुककर)* इस बार तुम्हारे साथ मैं भी मुम्बई चलूँगी।

अंजली : *(सावधान होकर)* यहाँ माँ के पास किसी को नहीं रहना चाहिए क्या?

प्रभा : उसे भी साथ ले चलेंगे। चार दिन के लिए उसका भी मन बहल जाएगा। माँ के पैसे निकालने तक भाभी देखती रहीं। माँ यहाँ अकेली रहीं, उसे ये लोग कच्चा ही खा जाएँगे।

अंजली : अपने भाई से कहो। मेरा क्या है, वे जैसा कहें!

प्रभा : लगता है मेरे भाई का बड़ा दबदबा है तुम्हारे ऊपर।

अंजली : इनका क्रोध तो तुम्हें मालूम है न! पूरे देशपाण्डे हैं। उसके ऊपर रक्तचाप *(रुककर)* आपको लगता है कि हम मुम्बई में बड़े मजे में रहते हैं। लेकिन सच कहूँ तो अपनी हालत हमीं जानते हैं। सिर चादर ढका तो पैर उघड़ जाते हैं और पैर पर ली तो सिर। दो कमरे का घर। पहले तो उसी के लिए हाय-हाय मची थी, अब किस्त भरने की झंझट। यहाँ पर सिर पर अपना छप्पर तो है, घर का अनाज है।

प्रभा : रहने दो भाभी, अपनी गरीबी का रोना। तुम्हारे यहाँ न कोई आता है न जाता है। पक्की कोब्रा *(कोंकणस्थ ब्राह्मण)* है तू।

अंजली : मेरे कहने का मतलब वह नहीं था। चलिए चार दिन रहकर खुद ही देखिए। इसीलिए मैं कभी कुछ नहीं बोलती हूँ। अर्थ का अनर्थ होते देर नहीं लगती।

प्रभा : तुम्हारी बहन तुम्हारे साथ इतने साल कैसे रही?

अंजली : रहती कहाँ थी? ओ तो उसका कॉलेज हमारे घर के पास था इसलिए कभी-कभी रह जाती थी। ये झूठी खबरें आप लोगों को देता कौन है?

(सुधीर कमरा 'ब' के दरवाजे पर खड़ा है)

सुधीर : मेरा शेविंग बॉक्स कहाँ रखा?

अंजली : बैग में ही है। बायीं ओर।

सुधीर : निकालकर दो। मुझे मिल नहीं रहा है।

अंजली : *(प्रभा की ओर देखकर प्यार से)* कसम है जो देशपाण्डे एक भी काम खुद कर लें।

प्रभा : चलने दो अपनी नोका-झोंकी।

(प्रकाश 'ब' कमरे पर)

अंजली : यह क्या है? यहीं पर?

सुधीर : तुम वहाँ पर गप्पें मारती मत बैठो। भाभी ने चूल्हा भी जला लिया।

अंजली : मेरा कुछ करना उन्हें पसन्द नहीं। थोड़ा भी इधर-उधर कम-ज्यादा हुआ तो जहर उगलने लगती हैं। यह मेरा हमेशा का अनुभव है।

सुधीर : इससे शरीर में घाव नहीं लग जाता। अपनी-अपनी आदत है।

अंजली : जब देखो तब मेरे कोंकणस्थ होने को लेकर जली-कटी सुनाती रहती हैं। अब मेरा हाथ मुम्बई की रसोई के अनुसार अभ्यस्त हो गया है। यहाँ इतने आदमी हैं। मुझे अन्दाज नहीं पड़ता। किसी चीज में कुछ कम-ज्यादा हुआ नहीं कि हमारे कोंकणी पुरखों की शामत आयी।

सुधीर : भाभी मन की अच्छी हैं।

अंजली : तुम्हारे लिए। अभी बीचवाले कमरे में क्या हुआ तुम्हें पता है? उनकी अच्छाई के बारे में चन्दू भैया से पूछो। चन्दू भैया इस तरह कुली की तरह क्यों खटते रहते हैं?

सुधीर : क्या हुआ बीचवाले कमरे में?

अंजली : मैं कुछ नहीं कहूँगी। तुम फिर कहोगे कोंकणी चुगली करती है।

सुधीर : तुम्हें कोंकणस्थपने का काम्प्लेक्स हो गया है।

अंजली : जैसे तुम्हें अपने देशपाण्डेपन का कोई खप्त नहीं है?

सुधीर : आखिर हुआ क्या?

अंजली : छी!

सुधीर : छी-छी क्या?

अंजली : होता है। खाते-पीते।

सुधीर : क्या बताऊँ? हम दोनों डेडली काम्बिनेशन हैं?

अंजली : एक बार अपने घर को घूमकर देख लो। ऊपर की सारी कोठरियाँ बन्द पड़ी हैं। पिछले बरामदे की दीवार में बित्ते-बित्ते भर की दरारें हैं। टेउका लगा के रखा है। मैं कहती हूँ इन्हें डर भी नहीं लगता? इतना बड़ा बाड़ा लेकिन न देखभाल, न मरम्मत, न रँगाई-पोताई।

सुधीर : डेढ़-दो सौ वर्ष पुराना हमारा बाड़ा। ज़ब तुम पहले पहल आयी थी तो देखती ही रह गयी थी।

अंजली : तब बाड़ा दिखता ही ऐसा था। तात्याजी शौकीन थे। अब तो जब भी आती हूँ, कोई न कोई चीज गायब मिलती है। बरामदे में उधर कुल बारह हण्डे रखे थे। आज एक भी बचा नहीं है। कहती हैं, फूट गये। पिछली बार एक ऐण्टिक पीस के रूप में रखने के लिए एक माँगी तो तुम्हारे भैया का जी किस तरह तड़पा था। तुम लोग खाली कोंकणस्थों का नाम बदनाम करते हो।

सुधीर : मुम्बई के तुम्हारे दस बाई बारह के कमरे में वह हण्डा कैसा दिखता है? जो जहाँ की चीज है, वहीं शोभा देती है।

अंजली : चार बड़ी-बड़ी दरियाँ थीं। जाज़िम, गलीचे, आईने, ताँबे के हण्डे, परोसने के बर्तन थे। सब कहाँ चले गये?

सुधीर : तुम्हें इन बड़े बर्तनों का क्या करना है? मुम्बई में विवाह मण्डप चलाने का विचार है क्या?

अंजली : मुझे तुम्हारे घर का कुछ भी नहीं चाहिए।

सुधीर : तो पिनपिनाना बन्द करो। *(रुककर)* पिछले दस वर्षों में तात्याजी पूजाघर छोड़कर घर के अन्दर गये ही नहीं। किसी चीज की ओर ध्यान ही नहीं दिया। यहाँ जो कुछ भी किया भैया ने किया।

अंजली : अब बचा भी क्या है। बेचबाच दिया या ऐसे ही किसी को उठाकर दे दिया, कौन जाने?

सुधीर : जाने भी दो।

अंजली : ऐण्टिक होने के नाते मुझे इन चीजों का ध्यान आता है। मुम्बई में इनमें से एक-एक चीज हजार-हजार रुपये की बिकी होती।

सुधीर : तुम सही अर्थ में मुम्बइया हो। हर चीज को पैसे से तौलती हो।

अंजली : बताती हूँ—

सुधीर : कल कहोगी कि यदि ज़ेवर बिकते तो कितने पैसे आते।

अंजली : ज़ेवर अपनी जगह पर होंगे तब न?

(दोनों एक-दूसरे को देखते हैं। दूसरा दृश्य समाप्त)

तृतीय दृश्य

[दोपहर, बारह एक बजे का समय। बरामदे में केवल दादी और प्रभा। बाहर से सीटी की धीमी आवाज आती है। प्रभा चौकन्नी होकर बाहर आती है। फिर लौटती है। बीच वाले कमरे से निकलकर भाभी आती है।]

भाभी : कौन था प्रभा?

प्रभा : मास्टर साहब।

भाभी : तो वापस क्यों चले गये? रंजूऽऽ...

प्रभा : मैंने ही लौटा दिया।

भाभी : लेकिन उसकी पढ़ाई?

प्रभा : भाभी! तुम अन्धी हो गयी हो क्या?

भाभी : अरे उसकी दसवीं क्लास है। दो बार फेल हो चुकी है अभागी। इस बार तो किसी तरह निकल जाना चाहिए।

प्रभा : पहले इस छैला मास्टर की छुट्टी करो। सीटी बजाते हुए आता है।

भाभी : उससे क्या हुआ?

प्रभा : मुफ्त में पढ़ाने आता है। रंजू का सत्रहवाँ साल लग गया है। इसका भी कुछ सोच-विचार करो।

भाभी : कैसी बात करती हो?

प्रभा : बाद में पछताओगी। रंजू का ध्यान पहले ही इधर-उधर डोलने लगा है। इसीलिए कहा। जब देखो तब आईने से चिपकी खड़ी रहती है या गाँव-भर में घूमती रहती है। देहरी के बाहर पाँव रखने की हमारी हिम्मत नहीं होती।

भाभी : मैं भी साफ-साफ कहे देती हूँ। आप झूठ-मूठ रंजू की बदनामी न किया करें।

प्रभा : मुझे क्या पड़ी है।

भाभी : उसे आप जानिए। लेकिन झूठ-मूठ किसी पर लांछन लगाना

ठीक नहीं। हम अपने बच्चों को अच्छी तरह जानते हैं।

('ब' दरवाजे से सुधीर)

सुधीर : प्रभा ऽऽ...

प्रभा : तुम बीच में न पड़ो।

भाभी : देखो न भैया, छोटी थीं तब हठ करके मुझसे ही अपनी चोटी बनवाती थीं और आज लड़ रही हैं। देखो भला!

सुधीर : कितना बकझक करती हो। कैसा प्रसंग और कैसा घर का वातावरण?

(बाहर से पराग आता है और सुधीर को देखकर तुरन्त भीतर चला जाता है)

भाभी : अरे काका से बोलेगा कि नहीं? यों ही काका-काका कहता रहता है?

सुधीर : इस बार पराग को क्या हो गया? हमेशा बाहर-बाहर रहता है।

भाभी : तुम्हारे सामने आने में उसे शर्म आती है। तुम्हारा अभय इससे छोटा है लेकिन इससे आगे निकल गया।

सुधीर : एक बार उसके बारे में मैंने कुछ ऐसा-वैसा सुना था।

भाभी : क्या ऐसा-वैसा?

सुधीर : ऐसे ही कुछ।

भाभी : यही न कि पराग दारू पीता है? लोगबाग कितने तत्पर हैं कि झटपट खबरें मुम्बई तक पहुँचा देते हैं।

सुधीर : भाभी! क्या यह सच है?

भाभी : एक-दो बार किया वैसा और सारे कुनबे को कनफटा कर दिया। तुम्हारे अभय जितना ही तो है।

सुधीर : कुछ करना चाहिए।

भाभी : यहाँ दसवीं के बाद स्कूल ही नहीं है। अगर अभय के साथ मुम्बई में रहता तो...

सुधीर : उसके रिजल्ट के बाद मैंने कितनी पूछताछ की थी भाभी। लेकिन इतने कम नम्बरों वाले लड़के को कहाँ एडमिशन मिलता!

भाभी : तो भैया, मुम्बई के कमजोर बच्चे कहाँ जाते हैं? बहुत चिन्ता होती है। कुछ भी नहीं करता। खेत पर भी कभी नहीं जाता।

सुधीर : भैया से नहीं डरता?

भाभी : रोज-रोज की डाँट-फटकार से ही तो ऐसा हुआ। आते-जाते हर समय बच्चे को फटकारते रहोगे तो घर में कैसे बैठेगा? दिन-भर घर से बाहर-बाहर। बुरी संगति में बरबाद हो गया। ये तो बच्चों को आरे की धार पर रखते हैं। विचित्र स्वभाव है। मैं कहाँ-कहाँ और क्या-क्या देखूँ?

सुधीर : मुझे देखते ही एकदम भाग गया।

भाभी : होश-हवास में रहने पर कितना अच्छा रहता है? लाड़ला बेटा। तात्याजी को पान बनाकर देने की ड्यूटी इसी की थी।

सुधीर : लाड़ला तो पहले का ही है। शरीर से लिपट जाता था। बाहर से आने पर दौड़ता हुआ आता था।

भाभी : आज भी तुमसे बहुत प्रेम करता है। काका का घर, काका की चिट्ठी, काका का यह, काका का वह कहते हुए नाम जपता रहता है। लेकिन इस देहात में मिट्टी हो गया। एक तो बुरी संगति, दूसरे पढ़ाई-लिखाई में बण्टाढार।

सुधीर : अब इसे कुछ दिनों के लिए मुम्बई ले जाता हूँ।

भाभी : ले जाओ! तुम्हारा ही तो बच्चा है।

अंजली : पर उसे भी तो चलने के लिए तैयार होना चाहिए।

सुधीर : *(खीजकर)* तुम पहले मेरे नहाने के लिए पानी निकालकर रखो।

(अंजली मुँह लटकाये बीच वाले कमरे में चली जाती है।)

अभय के साथ कुछ दिन रहेगा तो सुधर जाएगा।

भाभी : यह भी अभय की बहुत तारीफ करता है। अभय कैसा दिखता है, अभय के कपड़े कैसे हैं, अभय क्रिकेट कैसे खेलता है! वहाँ अभय का पहला नम्बर आता है तो नाचने लगता है। खून का रिश्ता होता ही ऐसा है।

सुधीर : अभय भी उसे बहुत याद करता है।

भाभी : करेगा क्यों नहीं! भाई है न! इसका वह और उसका यह। तुम्हारी चिट्ठी में अगर इतना ही लिखा हो, राघोबा को आशीर्वाद तो खुशी से नाच उठता है। हम अगर उसे राघोबा कह दें तो चिढ़ता है। कहता है यह सुधीर काका के लिए है। हमें पराग कहना चाहिए। ऐसे लड़ता है। अभय कैसा है?

सुधीर : पिछले तीन वर्षों में बहुत बदल गया है। आप देखेंगी तो पहचान नहीं पाएँगी। सत्रहवाँ वर्ष अभी लगने को है लेकिन ऊँचाई छः फुट होने को आयी है।

भाभी : शरीर भरा है कि नहीं?

सुधीर : एकदम तगड़ा। एकाध दिन जिम में जाने से रह जाय तो बहुत बुरा मानता है।

भाभी : रूप भी अंजली का पाया है। बहुत अच्छा है। उसे क्यों नहीं ले आये? पूरा मुम्बइया हो जाएगा तो हमें भूल ही जाएगा।

सुधीर : ऐसा नहीं है। यहाँ की याद हमेशा करता है। उसे पराग का भी बहुत ध्यान है। पराग ने उसे यहाँ तालाब में तैरना सिखाया था, यह भी उसे अच्छी तरह याद है। दोनों पूरे बाड़े में कितना ऊधम मचाया करते थे, नहीं क्या?

(बाहर से भास्कर आता है)

भास्कर : युवराज अभी तक घर आये कि नहीं?

सुधीर : भैया...

भास्कर : अपने राघोबा के लक्षण देखो। कहा था कि अगर बाहर निकला तो या तो तू नहीं या मैं नहीं। लेकिन सूतक के दस दिन भी धीरज नहीं रख पाया। कहाँ है वह हरामी?

भाभी : सोया है। भैया को देखकर सहम गया। इनके सामने आने में उसे शर्म आती है। देखो! अब तुम उसे कुछ मत कहना।

भास्कर : यही, यही जो तुम हमेशा उसकी तरफदारी करती हो, उसी से वह बिगड़ा। समय रहते ध्यान दिया होता तो आज यह दिन न देखना पड़ता।

भाभी : सुधीर भाई साहब उसे अपने साथ मुम्बई ले जा रहे हैं। अभय के साथ रहकर सुधर जाएगा।

भास्कर : हो गया उसका सुधार! उलटे अभय उसकी संगति में बिगड़ेगा।

भाभी : तुम इस प्रकार उसके बारे में ऐसे कुबोल न बोला करो।

भास्कर : ऐसा बोलने में मुझे बड़ी खुशी होती है क्या! कैसा सोने के टुकड़े जैसा सुन्दर शरीर था, वही आज कंकाल बन गया है।

भाभी : अरे भई।

भास्कर : हम यहाँ दिन-भर काम में जुते रहते हैं और यह दिन-भर

भटकता रहता है या जानवरों की तरह सोया पड़ा रहता है। धरण गाँव के देशपाण्डे लोगों का नाम ऊपर किया तो अभय ने। इस कुलबोरन की छाया अभय पर मत पड़ने दो।

सुधीर : जाने भी दीजिए भैया, जब तक हम हैं उस पर गुस्सा न करें।

भास्कर : तुम्हें नहीं मालूम कि हम कितनी पीड़ा भोगते हैं।

सुधीर : भाभी जरा बैठो तो। जब से आये हैं तुम दोनों काम में ही लगे रहते हो, न ढंग से बोलना न बैठना।

भाभी : *(बैठती है)* कहिए। क्या कहते हैं?

(शांति)

देखिए ऐसा ही होता है। बोलने को कहते हैं पर सूझता ही नहीं है।

सुधीर : बाड़ा कितना खराब हो गया है? मरम्मत वगैरह...

भास्कर : मरम्मत! अरे दो कमरे होते तो मरम्मत कराते भी। इतने बड़े बाड़े की मरम्मत कराएँ तो कैसे कराएँ? केवल लकड़ी के सामानों का तेल-पानी कराना हो तो तेल का पूरा कनस्तर लग जाएगा। *(रुककर)* सच्ची बात तो यह है कि हम सभी को मिलकर विचार करना चाहिए।

सुधीर : हम वहाँ पाँच सौ मील की दूरी पर।

(अंजली भीतर से आती है)

भास्कर : वही तो! यहाँ तो मेहमानों की तरह एक के बाद एक मुश्किलें आती रही हैं। तात्याजी की लम्बी बीमारी। इन्हीं परेशानियों में छोकरा हाथ से निकल गया।

भाभी : सुधीर भैया उसे मुम्बई ले जाने को कह रहे हैं।

भास्कर : अगर थोड़ी भी अकल हो तो इस हरामी को बिल्कुल नहीं ले जाना। हमारी औलाद तो है ही कुलक्षणी। तुम्हारा लड़का अच्छा है तो अच्छा ही रहने दो।

अंजली : ऐसा क्यों कहते हैं? आखिर हैं तो भाई-भाई ही न!

भास्कर : हैं तो। लेकिन फरक कितना है दोनों में। तुम कोंकण की थी इसलिए मना कर दिया था। लेकिन अभय बेटा कोंकणस्थों का रूप दिमाग लेकर आया है। अपनी क्लास में अव्वल आएगा न?

सुधीर : *(हल्के गर्व से)* मेरिटलिस्ट में आने की उम्मीद है।

भास्कर : क्या बात है!

अंजली : मेहनत भी बहुत कर रहा है।

भास्कर : यह भी कोंकणस्थों का ही गुण है। नहीं तो हम! झूले पर झूलते-झूलते खेती किये। पान खाकर रियासत समाप्त कर दी। समय पर नौकर ने अगर पीकदानी हाजिर नहीं की तो हम उठकर लेने नहीं जाते कभी। हमारी पीक की पिचकारी वहीं कोने में चली जाती है।

अंजली : ऐसा?

भास्कर : बिल्कुल ठीक कहता हूँ।

(अंजली और सुधीर भीतर जाते हैं)

भाभी : मुझे लगता है कि उन्हें कुछ बात करनी है।

भास्कर : किस बारे में?

भाभी : सवेरे से यही खुसुर-पुसुर चल रहा है।

भास्कर : चलने दो।

भाभी : तुम बड़े हो। तुम ही क्यों नहीं शुरू कर देते?

भास्कर : तेरही होने दोगे कि नहीं तुम लोग? अरे...

भाभी : जो कुछ भी करो, उनसे सलाह करके ही करो।

भास्कर : अब तुम...

(रंजू आती है)

कहाँ गयी थी चुड़ैल इतनी देर तक?

रंजू : पढ़ने गयी थी।

भास्कर : लगता है आजकल पढ़ाई-लिखाई का शौक ज्यादा ही बढ़ गया है?

भाभी : तेरे मास्टर जी आकर चले गये।

रंजू : मिले थे रास्ते में। बोले कि कल से पढ़ने के लिए घर पर आया करो!

भास्कर : नहीं।

रंजू : उन्होंने कहा। तुम्हारे घर मेहमान आये हैं इसलिए पढ़ाई नहीं हो पाएगी। इसलिए।

भास्कर : नहीं।

भाभी : जाती है तो जाने दो न। मास्टर की माँ तो उसके घर हमेशा रहती है।

भास्कर : देशपाण्डे के घर की लड़की इस तरह बेवजह किसी के घर नहीं आती-जाती। शादी के तीस वर्ष बाद भी तुम्हें इस बात का पता नहीं?

भाभी : हम भी देशपाण्डे घराने के हैं। मुझे सब मालूम है। लेकिन लड़की इस बार पास हो जाए तो शादी हो जाती। पुराने एहसानों के नाते ही मास्टर इतनी मेहनत करता है। तुम्हें पता है?

भास्कर : वह भी कोई मास्टर है! हिजड़ों की तरह माँग बनाये गली-गली घूमता रहता है। जब देखो तब बस स्टैण्ड की पान की दूकान के पास खड़ा रहता है, रात-दिन जनेऊ की तरह ट्रांजिस्टर लटकाये रहता है। साला मास्टर है कि नचनियाँ!

भाभी : आजकल तो सभी वैसे ही हैं। इस गाँव में अच्छे लड़के कैसे रहेंगे! चारों ओर कीचड़ ही रहता है। जरूरत तो हमारी है। हमें ही उसके सामने झुकना पड़ेगा।

भास्कर : कल से पढ़ाई बन्द। न तो तुम्हें वहाँ जाना है, न उसे ही यहाँ आने दिया जाएगा। *(रंजू से)* तू क्यों टसुए बहाने लगी?

रंजू : मेरी अँग्रेजी कमजोर है।

भास्कर : रहने दे कमजोर। तुझे कहाँ इंग्लैण्ड की रानी के पास चाय पीने जाना है! तू बाल बनाती है कि क्या करती है? कैसी साड़ी पहनी है? कोड़े लगाना चाहिए तुझे! *(जाता है)*

भाभी : *(रंजू से)* तू भीतर चल। कितनी बार तुमसे कहा कि शरीर को पल्लू से ठीक-ठीक ढका कर। पर ऐसी बेशर्म है कि किसी की सुनती ही नहीं। देवघर को बेधर्म करने क्यों गयी थी?

रंजू : बाबा भी तो जाते हैं। उससे कुछ नहीं होता?

(किराना के बोझ से झुका हुआ चन्दू आता है।)

भाभी : लो, सामान भी आ गया।

(चन्दू के लहूलुहान पैर को देखकर)

पैर को फिर क्या हो गया?

चन्दू : आते-आते ट्रैक्टर का पतरा लग गया।

भाभी : पहले उस पर हल्दी लगाओ। यह ट्रैक्टर भी एक बला हो गया है। इसे उठाकर कहीं फेंक देना चाहिए *(बीच वाले कमरे में जाते हुए)* अभी बीच वाले कमरे में सामान रख दो।

(रंजू चन्दू के हाथ से सामान लेने की बजाय उसका हाथ पकड़कर झूलने लगती है।)

चन्दू : अरे रंजू रुक! जरा रुक।

रंजू : चन्दू काका तुम इस समय एकदम हीरो लग रहे हो।

चन्दू : चल, दूर हट।

रंजू : नहीं, हम नहीं हटेंगे। कुली फिल्म में अमिताभ इसी प्रकार सामान लेकर आता है। तुम सिनेमा में क्यों नहीं जाते?

चन्दू : तो यहाँ सामान कौन लाएगा?

रंजू : मैं हूँ न! मुझे अगर मौका मिले तो मैं सिनेमा में काम करूँगी।

चन्दू : अच्छा करना लेकिन पहले ये सामान तो उठाओ।

रंजू : नहीं, हम नटखट लड़की हैं।

(पुन: चन्दू से लिपटने की कोशिश करती है। चन्दू हड़बड़ाता है। थोड़ा सामान नीचे गिरता है। भीतर से अंजली आती है।)

अंजली : रुकिए, मैं रखती हूँ सामान। पैर में क्या लग गया?

रंजू : ठेस लगी ठेस। इनके पैर को, मेरे हृदय को।

अंजली : रंजू! क्या फूहड़पना करती हो? *(चन्दू से)* आप अन्दर जाकर पहले कुछ दवा लगाइए। बरनाल है क्या घर में?

(चन्दू भीतर जाता है।)

रंजू : ऐ अंजली काकी! आपने अमिताभ बच्चन को देखा है क्या?

अंजली : *(काम में व्यस्त)* हाँ।

रंजू : सच्ची?

अंजली : *(चौंककर)* क्या? मैं भला क्यों जाऊँ उसे देखने?

रंजू : वह बीमार पड़ा था न, तब मैंने पाँच शनिवार का व्रत रखा था। अगर उसे कुछ हो जाता तो मैंने प्राण दे दिये होते।

(सुधीर आता है। रंजू उसकी बाँह पकड़कर झूल जाती है।)

सुधीर काका।

सुधीर : किसलिए प्राण दे दिये होते?

(बात करते हुए सुधीर और रंजू बीच वाले कमरे में आते हैं। पीछे-पीछे अंजली भी)

अंजली : रंजू! यह क्या? बाहर चल। उन्हें कपड़े बदलने दे।

रंजू : हमारे प्यारे अंकल हैं वो।

सुधीर : मेरी प्यारी भतीजी! जरा एक बगल हो जाओ, मुझे कमीज़ निकालनी है।

रंजू : सुधीर काका, आपने अमिताभ को देखा है क्या?

सुधीर : हाँ! मिल्क सेण्टर पर दूध लेने रोज आता है।

रंजू : हाँ, झूठ बोलते हैं।

सुधीर : सच कहता हूँ। जया भी इसके पास उधार-वुधार माँगने आती है।

रंजू : हाँ...अभिनेता लोग तो कितने अमीर होते हैं न!

अंजली : देशपाण्डे जैसे अमीर नहीं होते। जा काका के लिए चाय लेकर आ।

रंजू : लाती हूँ काकी। राजकमल स्टूडियो कहाँ है काका?

सुधीर : अपने घर के बिलकुल पीछे। जा चाय ले आ।

रंजू : अच्छा...

(सुधीर के बालों को बिखराकर भीतर भाग जाती है)

सुधीर : इस बार तो इसका कुछ नया ही चक्कर दिखता है।

अंजली : शरीर से किस तरह चिपकती है!

सुधीर : उसे लगता है कि वह गाँव की गोरी नटखट छोरी है।

अंजली : बेवकूफ है।

सुधीर : बात को कैसे टाल देते हैं, देखा?

अंजली : हाँ।

सुधीर : मैं कोई बात चलाऊँ, इससे पहले इनका ही रेकार्ड बजना शुरू हो जाता है। हमारी यह मुश्किल, हमारी वह मुश्किल।

अंजली : हँ...

सुधीर : उनको इस विषय पर चर्चा करनी ही नहीं है।

अंजली : तुम जानो, तुम्हारे भाई जानें। तुम्हीं देखो कि क्या करना है। मुझे इस मामले में बिल्कुल नहीं पड़ना है। पहले ही कह देती हूँ।

दादी : *(एकाएक)* व्यंकटेश! व्यंकटेश! अरे बाबा कोई बोलता ही नहीं है।

(सुधीर दादी के निकट जाता है और उसके घुटने पर हाथ रखता है)

व्यंकटेश! मैं कब से चिल्ला रही हूँ। बुढ़िया से ऊब गये हो क्या?

सुधीर : दादी मैं *(दादी के कान के पास जोर से)* मैं सुधीर हूँ...तात्याजी नहीं...

दादी : रात हो गयी है क्या? व्यंकटेश! मुझे भूख क्यों लगी है? रात के वक्त आफत!

सुधीर : *(जोर से)* रात नहीं है। *(चिल्लाना बेकार समझकर)* चलो कुछ खा लो। चन्दू...! ए चन्दू!...

(चन्दू आता है और दादी को गठरी की तरह उठाकर बीच वाले कमरे में ले जाता है।)

माँ : इस तरह चिल्लाओ नहीं। अभी तुम्हें बहुत कुछ देखना है।

(अन्धकार)

द्वितीय अंक

प्रथम दृश्य

[वही दिन। रात के लगभग दस बजे हैं। चारों कमरों में एक-एक लालटेन जल रही है। बरामदे में रखी लालटेन की बत्ती सबसे तेज है। घर के सभी लोग बरामदे में जमा हैं। माँ बीच वाले कमरे में। पराग बेडरूम में अकेले सहमा-सा बैठा है। प्रभा बीच वाले कमरे की दहलीज पर बरामदे में बैठी है। चन्दू बिल्कुल नीचे, सबसे अलग नौकर की तरह बैठा है। महिलाएँ फलियाँ तोड़ रही हैं। पुरुष खाली बैठे हैं।]

भास्कर : पानी रुकने के कोई लक्षण दिखाई नहीं देते।

भाभी : देखो न। ऐसा मूसलाधार बरस रहा है जैसे आसमान में छेद हो गया हो।

सुधीर : आज सवेरे तो आकाश बिलकुल साफ था।

भाभी : मेरी तो जान ही निकल जाती है, ऐसी बरसात में। छत गलकर बेजान हो गयी है, जाने कब यह ताजिया नीचे आ जाय।

सुधीर : लेकिन इसकी मरम्मत क्यों नहीं कराते?

भास्कर : कैसे कराते मरम्मत?

भाभी : सुधीर भैया, तुम मुम्बई वालों की क्या बात है! रंजू, तू वहाँ बाहर के दरवाजे पर क्या कर रही थी?

रंजू : बारिश देख रही थी।

भाभी : चल, इधर चल।

रंजू : *(आते-आते)* सुधीर काका, बरसात के सीन की सूटिंग सचमुच की बरसात में ही करते हैं क्या?

सुधीर : भाभी! इसके दिमाग में सिनेमा कितना भर गया है। मैं आज सुबह से ही देख रहा हूँ।

भाभी : कुछ न पूछो भैया! टूरिंग टाकीज का तम्बू गाँव में पड़ा नहीं कि

इसके फेरे शुरू। एक ही सिनेमा चार-चार बार देखती है। मैं कहती हूँ एक ही चीज कितनी बार? लेकिन नहीं।

सुधीर : आप लोग इतना देखने क्यों देते हैं?

भाभी : यहाँ बच्चों के मनोरंजन का दूसरा क्या साधन है। बेचारे ऊब जाते हैं। इसका रोना-धोना शुरू हो जाता है तो मैं कहती हूँ, बाबा तू जा, मेरी जान को आफत में न डाल।

सुधीर : *(असावधानी से)* टी.वी. ले लेने के बाद हमारा तो सिनेमा देखने जाना बन्द ही हो गया। *(दूसरे ही क्षण उसे अपनी भूल का ध्यान आता है। वह अंजली की ओर देखता है। अंजली ने जैसे कुछ सुना ही न हो। बाकी सभी सावधान।)*

रंजू : आपने टी.वी. लिया है?

सुधीर : अभी हाल में ही लिया है। थोड़े एरियर्स मिले थे।

रंजू : कलर?

भास्कर : दस-पन्द्रह हजार तो लगा होगा भैया?

सुधीर : पाँच।

अंजली : वह भी किस्तों में। मुम्बई में यह अच्छा है हर चीज किस्तों पर मिल जाती है।

भाभी : यह अच्छा है! गृहस्थी की एक-एक चीज तुम्हारे यहाँ इकट्ठी हो रही है। यहाँ तो हमारी जिन्दगी में टी.वी. आना असम्भव है। यहाँ तो अभी बिजली तक नहीं आयी।

सुधीर : ठीक है भैया, बिजली का कनेक्शन क्यों नहीं ले लेते? कितना अँधेरा रहता है!

भास्कर : अँधेरा-वँधेरा कुछ नहीं। यह आदत की बात है। हमें अँधेरा नहीं दिखाई पड़ता। बिजली का कनेक्शन लेने से भी क्या फायदा! आठ दिन में चार दिन तो करेण्ट बन्द ही रहता है। लोगों ने रहँट बन्द करके कुओं में पम्प लगवा लिया था। आज पछता रहे हैं। पानी के बिना बगीचे सूख गये। ग्रामीण इलाकों तक बिजली पहुँची इससे सरकार को सन्तोष होता है और बिज़ली आने से जनता को। लेकिन अगर सच पूछा जाय तो इससे फायदे की अपेक्षा घाटा ही ज्यादा है।

प्रभा : ऐसे कहते हैं जैसे बिजली आती होती तो टी.वी. ले ही आते।

भाभी : क्यों नहीं ले आएँगे? ला भी सकते हैं।

भास्कर : उसे लगता है कि बड़ा भाई क्या टी.वी. लेगा। वह तो डुबानेवाला ही है। क्यों प्रभा, है न?

भाभी : रंजू! तू फिर दरवाजे पर गयी। चल इधर।

प्रभा : घर के सभी बड़े-बड़े बर्तन बिक गये। उतने पैसे में तो निश्चित रूप से टी.वी. लिया जा सकता था।

सुधीर : *(चकित होकर)* सचमुच सारे बर्तन बिक गये?

भाभी : अरे भैया! सारे टूटे-फूटे बर्तन, न किसी काम के न कुछ। घर में कबाड़खाना फैला था।

सुधीर : ताँबे के दो बड़े-बड़े कण्डाल भी थे।

भाभी : सभी गये। कण्डाल भी और बाल्टियाँ भी।

सुधीर : वास्तव में अंजली को एकं चाहिए था।

अंजली : इनडोर प्लाण्ट का गमला उसमें कितना सुन्दर लगता!

रंजू : काकी की क्या बात है! डेकोरेशन-वेकोरेशन सब एकदम सिनेमा स्टाइल।

भाभी : फूटे बर्तनों का कैसा डेकोरेशन! सब वाहियात बात।

सुधीर : भाभी! डेकोरेशन तो जाने दो। एक चिट्ठी डालकर पूछ तो लिया होता। आजकल ताँबे-पीतल का भाव क्या है, आपको पता है?

भाभी : ध्यान में ही नहीं आया।

सुधीर : क्या सचमुच ध्यान में नहीं आया?

भास्कर : बर्तनों को बेचकर क्या हमें बड़ा आनन्द आया। सभी बर्तनों पर दादों-परदादों के नाम थे। लेकिन समय ही ऐसा आता गया कि क्या कहें!

सुधीर : मुझे बताना तो चाहिए था!

भास्कर : यह सच है कि इस बार हमने नहीं बताया। लेकिन पीछे जब-जब सूचित किया तो तुमने क्या किया? पत्र का उत्तर तक तो देते नहीं। बोआई के समय यहाँ पैसे की सख्त जरूरत पड़ती है। हर दिन सौ-सौ, दो-दो सौ का खुदरा खर्च होता है। उसके ऊपर तात्याजी की बीमारी। बीमारी में कम खर्च होता है क्या? बिक गये बर्तन-भाँड़े।

सुधीर : कितने में?

भास्कर : उन बर्तनों से कोई रियासत नहीं खरीदी। अरे अपने बर्तनों को बेचने के लिए दूसरे लोगों की तरह बाजार में जाकर बेचते क्या?

किसी के कान में भनक न पड़े, ऐसे चुपचाप, जो दाम मिले, उस पर बेचना पड़ता है। इज्जत का स्वाँग बचा रहना चाहिए न!

सुधीर : इस इज्जत-आबरू के झूठे स्वाँग को अब किनारे ही रखना चाहिए।

भाभी : मुम्बई में रहकर ऐसा कहना तुम्हारे लिए आसान है भैया! लेकिन गाँव में रहकर ऐसा नहीं चलता। अपना तो हमीं जानते हैं कि हम कैसे निभाते हैं?

सुधीर : भाभी! क्या आपको लगता है कि हम मुम्बई में बड़े मजे में रहते हैं?

भाभी : हमारी जितनी खींचातानी तो नहीं होती न।

भास्कर : तुम्हारे कपड़े-लत्ते कैसे हैं। तुम्हारे सूटकेसों को देखकर भी हमारी आँखें चौधियाँ जाती हैं।

सुधीर : शहर में रहना हो तो यह सब करना ही पड़ता है। क्या आप चाहते हैं कि हम सूटकेस की जगह टिन का बक्सा लादकर आएँ? हमारे कपड़े-लत्ते तो आपको दिखते हैं लेकिन यह नहीं दिखता कि हम दोनों सुबह सात बजे से रात के नौ बजे तक कितना खटते हैं, तब निभती है। फिर भी कभी घी नहीं तो कभी दूध-दही नहीं। आप भी एक बार मुम्बई में रहकर देखें तो पता चलेगा कि हर चीज के लिए पैसे किस तरह खर्च होते हैं।

प्रभा : गाँव वालों को हमारी असली स्थिति का पता नहीं है सुधीर! यह ठीक है। लेकिन वह बंसीलाल बिना नकद दिये सामान उठाने नहीं देता।

भास्कर : इसी का सबसे अच्छा है। न कुछ करना न धरना। जो सामने आ गया उसको हण्टर जमा दिया।

प्रभा : आप दोनों बैठे हैं इसलिए बात चला रही हूँ। तात्याजी ने मुझे आगे पढ़ने नहीं दिया। कोई बात नहीं। तात्याजी चले गये। अब मुझे अमरावती कॉलेज में पढ़ने जाने दो।

सुधीर : अब? इस उम्र में?

प्रभा : मैट्रिक में फर्स्टक्लास आयी थी। इस बात को बीस वर्ष हो गये। मैं डॉक्टर बनना चाहती थी। लेकिन देशपाण्डे की लड़की अकेले रहकर पढ़ाई नहीं कर सकती थी। यह प्रतिष्ठा का प्रश्न था।

उनकी इज्जत और हमारी जिन्दगी का सर्वनाश।

भास्कर : प्रभा! तुम्हारे बारे में सारे निर्णय तात्याजी ने लिये। उसकी सजा अब हमें क्यों? सचाई तो ऐसी है कि सुधीर भी उस समय पढ़ रहा था और दोनों के लिए पैसे भेजना सम्भव नहीं था। मेरी जिन्दगी की मिट्टी पलीद नहीं हुई तो क्या सोना बना! मैं भी जन्म-भर के लिए खेती में गाड़ दिया गया। नौकरी की होती तो कहीं सुपरिंटेण्डेण्ट बन गया होता।

भाभी : यह सब बातें भाग्य और संयोग की हैं।

भास्कर : वही न! प्रभा के लिए क्या थोड़े लड़के देखे! लेकिन पहले तो कहीं जमता ही नहीं था और जमता था तो वहाँ प्रभा ही नाक-भौंह सिकोड़ने लगती थी।

प्रभा : सब खेतीवाले बैल थे। एक भी पढ़ा-लिखा नहीं था।

भास्कर : तेरे दो भाई खेती ही करते हैं। पता है?

प्रभा : मुझे पढ़ा-लिखा आदमी चाहिए था।

भास्कर : पढ़ा-लिखा तुम्हारे साथ शादी क्यों करता?

प्रभा : *(कुछ कर्कश स्वर में)* वही, वही बात। क्यों नहीं पढ़ाया मुझे? आज हर बात की जिम्मेदारी मेरे मत्थे मढ़ देते हो। बहन के लिए कोई जिम्मेदारी नहीं थी? और सुधीर, तुम जब भी मुम्बई से आते थे, यही कहते थे कि मुम्बई में लड़का ढूँढ़ता हूँ। तुम्हें मेरे लिए कभी समय मिला? किताबें भेजवाने तक का काम तो तुमसे कभी हुआ नहीं। ऐसा मत समझो कि मैं शादी के लिए तरस रही हूँ। वह समय अब बीत चुका है। लेकिन इसका मतलब यह नहीं कि मैं तुम्हारे मुँह के सामने आईना भी नहीं दिखाऊँगी।

भाभी : बहुत हो गया अब। बेकार में बच्चों के सामने...

भास्कर : उसे बोलने दो।

सुधीर : क्या बोलने दो भैया?

भास्कर : अरे बाबा, यह तो रोज का तमाशा है।

प्रभा : इसे तमाशा कहते हैं?

भाभी : रंजू को कुछ न कुछ कहती रहती हो। वह भी तुम्हें देखकर बिगड़ेगी कि नहीं?

भास्कर : जाने दो! बहुत हो गया अब। माँ वहाँ बैठी है। वह क्या सोचेगी?

(चिन्तित रंजू दरवाजे की ओर जाती है। भाभी जोर से बुलाती है। वह लौटती है और रोने लगती है।)

भाभी : रोने की क्या बात हो गयी?

रंजू : तुम हमेशा मुझे डाँटती रहती हो।

भाभी : रात में दरवाजे के पास तुम्हारा क्या काम है?

प्रभा : पढ़ाने के लिए मास्टर आनेवाला होगा।

भाभी : अब बस भी करें।

सुधीर : *(विषय बदलते हुए)* राघोवा कहाँ गये? सवेरे से दिखाई नहीं पड़े।

(पराग बिस्तर पर बैठा सुन रहा है। वह अपने अंग सिकोड़ता है। खामोशी।)

दादी : कितना बजा रे? व्यंकटेश...

भाभी : अब इन्हें क्या बताऊँ कि कितना बजा है? पन्द्रह-पन्द्रह मिनट पर पूछती रहती हैं। बुढ़ापे का ऐसा दुःख भगवान किसी को न दे।

अंजली : ऐसा हमें लगता है। उन्हें नहीं लगता होगा।

भाभी : लेकिन तीमारदारी में तकलीफ कितनी है।

(चन्दू का ध्यान आते ही वह झेंप जाती है।)

चन्दू भैया का डिपार्टमेण्ट है वह।

भास्कर : तात्याजी की भी सारी सेवा उसी ने की। मैं तो खेती के काम में ही जुटा रहता। उसी के ऊपर सारा भार पड़ा। अब तेरहवीं-चौदहवीं के लिए भी चन्दू तुम्हारे ऊपर बहुत काम है। तात्याजी की अन्तिम सेवा।

सुधीर : ऐसा बहुत सारा कौन-सा काम रह गया है?

भास्कर : है क्यों नहीं? सारा गाँव भोजन के लिए आएगा।

सुधीर : क्याऽऽ?

भास्कर : और क्या?

सुधीर : सारा गाँव?

भास्कर : अरे बाबा, यह यहाँ की परम्परा है। तेरहवीं के दिन सारे गाँव को भोजन कराना पड़ता है। ऐसा नहीं किया तो गाँव में हमारी नाक कट जाएगी।

सुधीर : फिर तो चार-पाँच हजार पत्तलें बिछानी पड़ेंगी?

भास्कर : कोई उपाय नहीं है। सुबह से पंगत शुरू होती है तो रात के दस-बारह बजे तक चलती रहती है।

सुधीर : खर्च के बारे में भी कुछ सोचा है? पाँच हजार पत्तल का मतलब है कम से कम बीस-पचीस हजार रुपये। कहाँ से लाएँगे?

भास्कर : वही तो तय करना है। तुम्हारे ध्यान में कुछ आ रहा हो तो बताओ।

सुधीर : मैं कुछ नहीं दे सकता।

भास्कर : तुम दो चाहे न दो। हमें तो जैसा बनेगा करना ही पड़ेगा।

भाभी : भैया! बड़े-बुजुर्ग की आखिरी क्रिया है। उसे मना करके नरक में जाना है क्या?

सुधीर : किस जमाने की बात करती हो भाभी!

भाभी : कुछ कहो लेकिन यह ठीक नहीं है। तात्याजी तुम्हारे कोई नहीं थे क्या?

सुधीर : मेरे कहने का मतलब यह नहीं था...लेकिन मैं इतना कुछ दे नहीं सकता। इतने पैसे एकदम मैं कहाँ से ले आऊँ?

भास्कर : हम भी कहाँ से ले आएँ?

सुधीर : उसके लिए मैं क्या बताऊँ।

भास्कर : *(भाभी की ओर देखकर)* इसकी चूड़ियाँ-ऊड़ियाँ गिरवी रखनी पड़ेंगी।

भाभी : वे मैंने रंजू के लिए रखी हैं। वे मैं नहीं दूँगी। कल को उसकी शादी होगी तो लड़की के शरीर पर कुछ पहनाने के लिए होना चाहिए कि नहीं? या उसको वैसी ही खड़ी कर देंगे? सोने के बिना कौन करेगा तुम्हारी लड़की से शादी? उस पर इतना सुन्दर रूप? मैं चूड़ियाँ नहीं दूँगी।

रंजू : मुझे केवल चूड़ियाँ पहनाओगी?

भास्कर : तो फिर मुझे खेत गिरवी रखना पड़ेगा।

भाभी : वह तुम जानो। मैं सोना नहीं दूँगी।

सुधीर : खेत तो हम तीनों के नाम है न?

भास्कर : पिता तो हम तीनों के तात्याजी थे।

सुधीर : मुझे गिरवी-उरवी नहीं रखनी है जमीन। गिरवी रखा गया कौन-सा खेत हम छुड़ा पाये आज तक? बारह एकड़ की एक पट्टी

बची है। उसे रहने दीजिए। ऐसी उपजाऊ जमीन क्या हम दुबारा ले सकेंगे? इसके अलावा कल को अगर मुझे एकदम पैसों की जरूरत पड़ जाए तो मुझे अपने हिस्से की जमीन मिलनी चाहिए।

भास्कर : सुधीर, तुम तो एकदम हिस्से की बात करने लगे।

सुधीर : भैया, मैंने कौन-सी गलती की? कभी न कभी तो यह बात करनी थी।

भास्कर : सुधीर, तुम हिस्से की बात तो कर रहे हो पर यह भूल रहे हो कि तुम्हारी पढ़ाई-लिखाई पर कितना खर्च हुआ?

सुधीर : वह सब तो तात्याजी ने किया।

भास्कर : तात्याजी का बस नाम था। तुम भी जानते हो। सारी जिम्मेदारी हमारे ऊपर डालकर तात्याजी ने छुट्टी पा ली थी। तुम्हारी पढ़ाई, तुम्हारी शादी आदि में क्या कुछ कम खर्च हुआ है। और तुम एकदम हिस्सा माँगने लगे?

सुधीर : देखो भैया, आपने बहुत बार सुनाया है कि आपने मुझे पढ़ाया, मेरी शादी की। आज मेरी बात भी सुनिए। मेरी पढ़ाई और मेरी शादी के लिए आपने अपनी जेब से पैसे नहीं खर्च किये। बीस वर्ष पहले क्या यहाँ मेरा कुछ भी नहीं था? थोड़ी जमीन मेरी भी थी। जो जमीन मेरे नाम पर थी उसी की उपज से सब हुआ। और पढ़ाई समाप्त होने के बाद पिछले बीस वर्षों से सारी उपज जो आप खाते रहे, उसका क्या? ऊपर से मैंने ये किया, मैंने वो किया। इतने वर्षों में एक बार भी कभी उपज का चार पैसा दिया?...या सेर-भर अनाज ही कभी दिया?

भास्कर : गाँव आकर ले जाते अपना हिस्सा।

सुधीर : हम कोई भिखारी हैं क्या जो लादकर ले जाते। सवाल यह है कि आपने कभी अपना बड़प्पन दिखाया? पहले जब छुट्टी में आता था तो आप दस-दस बार ताने देते थे, 'यहाँ आने से तुम्हारी तनख्वाह बचती है—यहाँ आने से तुम्हारी तनखाह बचती है।' तभी से कान पकड़ा। आया भी तो कभी चार दिन से अधिक नहीं टिका। चार साल आया ही नहीं। वह भी आपसे सहन नहीं होता। मुझे लोभी किसलिए कहते हैं आप?

भाभी : सुधीर भैया, लड़कों-बच्चों के आगे इस तरह बेकार में क्रोध न करो।

सुधीर : भाभी, मुझे यह सब तो कभी न कभी सुनाना ही था। लड़कों-बच्चों को एक बार सचाई जान लेने दो। नहीं तो वे कल कहेंगे कि काका मुफ्त में खाने आता था।

भास्कर : हो गया? तुम सब समझ गये। यह सच है कि मैंने तुम्हें उपज नहीं दी। पैसे नहीं दिये। अनाज नहीं दिया। लेकिन इतने वर्षों में तुम्हें कभी ध्यान आया कि इतना ही पूछ लो कि खेती कैसी चल रही है? माँ का ऑपरेशन अमरावती ले जाकर कराया। दो महीने वहाँ घर लेकर रहा। तात्याजी की लम्बी बीमारी। इस सबमें कुछ खर्च नहीं हुआ क्या?

सुधीर : फिर वही बात। माँ और तात्याजी के लिए जो खर्च किया, वह क्या अपनी जेब से किया? यहाँ जो कुछ है सब उन्हीं का है। उन्हें क्यों शर्मिन्दा कर रहे हैं?

भास्कर : एक बार आकर खुद देखो। एक बार फसल आती है तो तीन वर्ष आती ही नहीं।

सुधीर : उपजाऊ जमीनों में फसल क्यों नहीं?

भास्कर : वे जमीनें कास्तकारों के कब्जे में चली गयीं। कोर्ट में जमीन के लिए मुकदमा किया। यहाँ का सारा काम-धन्धा छोड़कर अमरावती की दौड़ लगानी पड़ी। उसमें कितने पैसे गये। ऊपर से लेकर नीचे तक सभी ब्राह्मण-द्वेषी। एक भी मुकदमे का फैसला अपने अनुकूल नहीं होने दिया। साहब लोगों को खिलाना-पिलाना पड़ता है, वह अपने से जमता नहीं। तुम्हें पता नहीं है कि ब्राह्मण का गाँव में रहकर खेती करना आज कितना कठिन है।

सुधीर : लेकिन दूसरों का कैसे चलता है?

भास्कर : तुमने देखा है क्या कि कैसे चलता है? इस गाँव में ब्राह्मणों के सात घर थे। जिनमें से तीन गाँव छोड़कर कब के चले गये। चार बचे हैं जिनमें दो भिखारी और एक मास्टर। सभी कर्ज से लदे। हमारा ताजिया ऊँचा है इसलिए कर्जा भी बड़ा। दूसरी जातियों का ठीक है। वे देशी दारू की दूकान खोलकर हवेलियाँ खड़ी कर चुके हैं। कोई-कोई ट्रक चलाता है। दलाली करते हैं, नहीं तो राजनीति तो है ही। यह सब अपने से होगा क्या! समय बदल गया लेकिन घर के खर्च में जरा भी कमी नहीं आयी। तीज-त्यौहार, धर्म-कर्म, पूजा-पाठ सब जैसे का तैसा। यह सारा झमेला

मेरे ऊपर छोड़कर तू मुम्बई में जा बसा। केवल गणेश और लक्ष्मी की पूजा के समय सात-आठ सौ रुपये खर्च हो जाते हैं।

सुधीर : ये सारे खर्च कम कीजिए।

भास्कर : तुम यहाँ आओ और खर्च कम करके दिखाओ।

सुधीर : मुझे कुछ करके दिखाने की आवश्यकता नहीं है। वह आपको ही करना होगा। इतना फालतू खर्च। आज ही सवेरे देख रहा था। थाली में एक साथ चार-चार सब्जियाँ।

भाभी : भैया, खाने-पीने की सबकी अलग-अलग आदत होती है। किसी को एक चीज पसन्द नहीं तो किसी को दूसरी।

सुधीर : ये कैसी आदत है?

भाभी : और अगर थाली अच्छी तरह भरी न हो तो मुझे खुद को ही अच्छा नहीं लगता। इस जन्म में तो मुझसे कोंकणस्थी कंजूसी होनेवाली नहीं। तुम कुछ भी कह लो।

सुधीर : तो फिर डुबाइए सब-कुछ।

(बहुत देर तक क्षोभभरी खामोशी। माँ दरवाजे से आती है।)

भास्कर : यह अपना बाड़ा है...

सुधीर : क्या कहते हैं?

भास्कर : बेचने को नहीं कहता। अगर इसे गिरवी रख दें तो जरूरत-भर के पैसे मिल जाएँगे।

सुधीर : नहीं।

भास्कर : अरे फिर किया कैसे जाय?

सुधीर : इसी बाड़े के लिए...इसी बाड़े के प्रेम में ही तो मैं दौड़ा-दौड़ा यहाँ आता हूँ। यह चला गया तो अपना तो घर ही चला गया।

भास्कर : अरे बाड़े का मतलब पूरे बाड़े को गिरवी नहीं रखूँगा। पीछे का जो गिरा हुआ हिस्सा है उसे रख दूँ। अब करूँ, तब करूँ सोचते-सोचते मरम्मत तो उसकी हुई नहीं, उल्टे वह हिस्सा और भी ढह गया है। बंसीलाल कब से उसे माँग रहा है। वह तो उसे खरीदने को कह रहा है।

सुधीर : वह आपसे से ऐसा क्यों कह रहा है?

भास्कर : उसकी तीन वर्षों की उधारी हमने नहीं दी है। उसके सामने भला

अपनी कोई इज्जत बची है? इसीलिए मुँह पर पूछने की हिम्मत की उसने।

सुधीर : आपकी बातचीत भी हो चुकी है?

भास्कर : नहीं! अभी कुछ पक्का नहीं हुआ है।

सुधीर : मेरी समझ में तो कुछ नहीं आ रहा है।

भास्कर : झमेला यह है कि बाड़े का वह हिस्सा माँ के नाम है। जहाँ हम रहते हैं वह हम सभी भाइयों के नाम है। तात्या जी ही ऐसी व्यवस्था करके गये। उनका विचार था कि माँ वाली जगह पर दो-दो कमरों का ब्लाक बनाकर किराये पर दे दिये जाएँ। इससे माँ के हिस्से की आमदनी निश्चित हो जाएगी। लेकिन अन्त तक वैसा कुछ हो नहीं पाया।

सुधीर : गिरवी रख दिया तो उसकी मरम्मत कौन कराएगा?

भास्कर : बंसीलाल क्यों मरम्मत कराएगा? वह तो इस ताक में है कि कब हम लोग अड़चन में पड़ें और वह बाड़े पर कब्जा करे। और सच कहूँ तो गिरवी छुड़ाने के लिए आधी रकम तुम्हें देनी पड़ेगी। मुझ अकेले से यह बोझ उठनेवाला नहीं है।

सुधीर : लेकिन इतना पैसा मैं लाऊँगा कहाँ से? इससे तो अच्छा है सारा काम अपनी ताकत के अनुसार किया जाए।

भास्कर : और अपनी नाक कटवा लूँ? ऐसा नहीं हो सकता।

माँ : भास्कर—

(सभी चौंकते हैं।)

भैया! तू पिछवाड़े वाला हिस्सा गिरवी रख दे।

चन्दू-प्रभा : *(एक साथ)* माँ!

अंजली : उस जगह का क्या करना है?

भास्कर : लोग कहेंगे कि माँ को ही डुबो दिया।

माँ : लोग तो कुछ न कुछ कहते ही हैं। भोज नहीं दिया गया तो भी कहेंगे। उनका यह आखिरी खर्च है। सब-कुछ कायदे से नहीं हुआ तो मेरे मन पर बोझ बना रहेगा। एक बार तय हो गया तो तय हो गया। बेच डालो उस हिस्से को।

प्रभा : 'एक बार तय हो गया' का क्या मतलब?

माँ : मैंने ही उससे कहा है। वह बेचारा भी एकदम कहाँ से ले

आएगा?

प्रभा : हमारे कर्ताधर्ता भाई! चूड़ियाँ पहन लो चूड़ियाँ। माँ का हिस्सा बेचने पर तुले हैं और ये दोनों भाभियाँ ऐसे दिखा रही हैं जैसे इस गाँव की हैं ही नहीं।

भाभी : आप हमें झूठ-मूठ दोष न दें। इस घड़ी के पहले हमें कुछ भी मालूम नहीं था।

माँ : प्रभा, बहू, तुम लोग चुप रहो। मेरे साथ किसी ने भी जबरदस्ती नहीं की है।

चन्दू : *(एकदम)* भैया, आप मेरे हिस्से की चार एकड़ जमीन गिरवी रख दें।

भास्कर : तुम्हारे चार एकड़?

चन्दू : माँ की जमीन माँ के ही नाम पर रहने दें।

भास्कर : फिर से सोच लो, नहीं तो तुम्हीं कहोगे कि...।

माँ : चन्दू बेटा, ऐसा न करो। अरे अब मेरे बचे ही कितने दिन हैं?

प्रभा : बेचने दो खेत बड़े भाई को। अपना हिस्सा बेचे तो पता चले।

भास्कर : बेच देता हूँ। लेकिन यह तो बता कि तू खाएगी क्या?

माँ : अभी उनको दस दिन भी न हुए और सब-कुछ बदल गया। अपने घर में यह बहसबाजी अच्छी नहीं लगती।

चन्दू : भैया, माँ की कोई बात मत सुनिए! मेरे चार एकड़ गिरवी रख दीजिए।

भास्कर : चन्दू! आज उदारमन से कह रहे हो। कल तुम्हीं सारे गाँव में कहते फिरोगे कि भास्कर ने जबरदस्ती की। माँ जो कहती है वही ठीक है। क्यों सुधीर?

(माँ भीतर चली जाती है।)

सुधीर : मुझसे पूछने का झूठा नाटक मत करो। सब-कुछ तो पहले ही तय हो चुका था।

भाभी : बस भैया! बीस साल मुम्बई में रहे लेकिन देशपाण्डेपना छूटा नहीं। गुस्सा आज भी वैसा ही है।

दादी : व्यंकटेश, अरे व्यंकटेश!

भाभी : इन्हें देखो! सारे झमेलों से परे।

सुधीर : अपने घर में सभी लम्बी उम्रवाले हैं।

भास्कर : स्वास्थ्य कैसा है! चार सब्जियाँ खाते हैं तो तुम नाम धरते हो। लेकिन एक पैसे की भी दवा हममें से किसी को नहीं लगती। तुम मुम्बई वाले अभी से ब्लडप्रेशर और न जाने क्या-क्या? अच्छा, मैं तो अब सोने चलता हूँ।

रंजू : माँ, मेरा जी घबरा रहा है।

भाभी : तुझे भी हो गया होगा ब्लडप्रेशर। कितना चिपककर बैठती है। तुझे बुखार है क्या? तभी से ऐसा क्यों कर रही है?

(पराग जल्दी से आकर सुधीर के पीछे बैठता है। बिना मुड़े सुधीर उसका सिर पकड़ने की कोशिश करता है। पराग अपने को बचा लेता है।)

सुधीर : *(बिना देखे)* लगता है राघोबा आ गये हैं? शर्मीला।

(पराग अपना सिर सुधीर की पीठ से टिका देता है। सुधीर पीछे हाथ फैलाकर पराग का सिर पकड़ना चाहता है लेकिन पराग बचा लेता है)

भाभी : चूहा बिल से बाहर आया तो।

सुधीर : राघोबा, गधे, अभय तुमसे बहुत नाराज है। तू उसे पत्र क्यों नहीं लिखता?

पराग : मैं तो लिखता हूँ। वही उत्तर नहीं देता।

(पराग का सिर सुधीर के हाथ में आ जाता है। सुधीर उसे आगे खींच लेता है।)

सुधीर : *(एक क्षण पराग को प्यार से देखकर)* क्यों रे! ये सिर पर छप्पर बढ़ा रखा है? कल यह सूचीपर्ण वृक्षों का जंगल कटवा के आ।

रंजू : वह मिथुन चक्रवर्ती की स्टाइल है काका...

पराग : हट्।

रंजू : वो तो है ही।

पराग : मुझे नहीं अच्छे लगते सिनेमा के ऐक्टर-वैक्टर।

अंजली : एकदम अभय का नमूना। उसे भी ये अच्छे नहीं लगते। उसके हीरो हैं, गावस्कर, कपिलदेव।

पराग : काका, अभय अभी भी क्रिकेट खेलता है?

सुधीर : खेलता है न! लेकिन हमीं उसे अधिक खेलने नहीं देते। उसकी

बारहवीं की परीक्षा है न इस बार?

पराग : अभय बहुत अच्छा प्लेयर बना होता...

सुधीर : उसे बहुत अच्छा इंजीनियर बनना है। तुम क्या बनोगे?

भास्कर : *(उठकर 'अ' कमरे में जाते हुए)* वह जोरदार शराबी बनेगा।

भाभी : यह क्या?

(भास्कर जाता है।)

देखा, ऐसा ही करते हैं हमेशा।

पराग : काका, मैं मुम्बई चलूँ?

सुधीर : मुम्बई चलकर क्या करेगा?

पराग : पढ़ाई करूँगा *(रुककर)* अच्छा बनूँगा।

सुधीर : सच?

पराग : आप देख लेना।

सुधीर : पराग, तुम्हें कोड़े मारने चाहिए।

पराग : मारिए न।

भाभी : मारिए। काका के हाथ के कोड़े भी मीठे होते हैं।

सुधीर : शराब क्यों पीता है?

(पराग उठने लगता है। सुधीर उसका हाथ पकड़कर बिठाता है।)

भागो नहीं, बताओ।

पराग : जाने दीजिए न।

सुधीर : नहीं, पहले बताओ। क्यों?

पराग : अब नहीं पियूँगा।

सुधीर : देखता हूँ। जब तक यहाँ हूँ।

पराग : देखिए! तब तो ले चलेंगे न? यदि मैं अच्छा बनूँ तो!

(भाभी की आँखों में आँसू। वह आँसू पोंछते हुए सब्जी रखी थाली लेकर उठती है।)

भाभी : चलो अब सो जाओ! ग्यारह बजने को आये।

(बाहर सीटी की हल्की आवाज। रंजू हड़बड़ाती है।)

अंजली : किसी ने सीटी बजायी क्या?

भाभी : चिड़िया होगी। सो जाइए। बहुत देर हो गयी।

सुधीर : अंजली! जरा आँगन में आना। कितनी गर्मी है यहाँ?

(दोनों जाते हैं।)

चन्दू : *(रंजू से)* तू बिस्तर लेकर यहाँ क्यों आयी? जाकर बीचवाले कमरे में माँ के पास सो जा।

रंजू : अन्दर गर्मी लगती है और चूहे दौड़ते रहते हैं।

(सभी अपने-अपने कमरों में जाते हैं। पराग और चन्दू बरामदे में बिस्तर बिछाते हैं। रंजू अपना बिस्तर बीचवाले कमरे से खींचते हुए ले आती है और चन्दू की बगल में बिछाने लगती है।)

चन्दू : रंजू! तुम्हें माँ के पास सोने के लिए कहा न।

रंजू : उस घर में मुझे गर्मी लगती है।

चन्दू : तू अपना बिस्तर उस तरफ ले जा। खींच। इतना सटकर मत बिछा। और खींच उस तरफ।

रंजू : *(पराग से)* लगता है सो गये गवास्कर?

पराग : चुप रह तू हेमामालिनी! सो जा।

(दादी को लेकर चन्दू जाता है। प्रकाश धीमा पड़ता है।)

(कुछ समय पश्चात प्रकाश आँगन में होता है। सुधीर और अंजली चबूतरे पर बैठे हैं।)

अंजली : उमस कितनी है। वर्षा रुकी नहीं कि उमस शुरू।

सुधीर : करीब आओ न!

अंजली : बेशर्मी तो न करो।

सुधीर : इसमें बेशर्मी की क्या बात है?

अंजली : नहीं तो क्या। इतने खुले में...

सुधीर : मेरे मन में वैसा कुछ नहीं था। तुम्हारे मन में ही वह सब होगा।

(विराम)

अंजली : हम सूतक में हैं। कम-से-कम इसका तो ध्यान रखो।

सुधीर : सूतक है तो क्या, हमने खाना-पीना छोड़ दिया है क्या?

(विराम)

अंजली : अब कुढ़ो नहीं। *(हँस पड़ती है)*

सुधीर : *(कुढ़ते हुए)* इसमें हँसने की क्या बात है?

अंजली : रंजू भी एक अबनार्मल ही है।

सुधीर : रंजू बीच में कहाँ से आ गयी।

अंजली : परले दर्जे की बेवकूफ है। फालतू बातों में ही उसका ध्यान रहता है। *(रुककर)* आज मुझसे बर्थ कण्ट्रोल के बारे में पूछ रही थी।

सुधीर : झापड़ लगाना चाहिए। बेवकूफ!

अंजली : यहाँ आकर ये झापड़-वापड़ क्या बोलने लगते हो। यहाँ केवल प्रभाजी हैं जो शुद्ध बोलती हैं। बाकी सब गँवारू।

सुधीर : अरी शहरातिन, हमारी बोली की मिठास तुम्हारी समझ में नहीं आएगी।

अंजली : पराग को ले चलने के लिए क्या सचमुच तय कर लिया है?

सुधीर : ले चलें न चार दिन के लिए।

अंजली : पराग अच्छा लड़का है। मुझे भी अच्छा लगता है। लेकिन एक तो पराग की इम्प्रेशनेबल उम्र और दूसरे उसकी पढ़ाई।

सुधीर : मैं उससे पहले ही कह चुका हूँ।

अंजली : यही तो बात है, मन में आया नहीं कि बोल देते हो। आगे-पीछे का कुछ विचार नहीं करते। कल मुम्बई में कहीं पीकर गिर पड़ा तो कहाँ खोजने जाओगे? रिस्क है कि नहीं?

सुधीर : क्या तुम उसे पियक्कड़ समझती हो? चार साल से मुम्बई आने के लिए तड़प रहा है। अपने यहाँ नहीं रहेगा तो कहाँ जाएगा?

अंजली : तुमको जैसा लगे, करो। मुझे जो समझ में आया, कह दिया। मैं उसकी जिम्मेदारी नहीं ले सकती।

सुधीर : अब अगर मना कर देंगे तो मुँह लटका लेगा।

अंजली : थोड़ी देर के लिए बुरा लगेगा।

सुधीर : पराग के बारे में बाद में सोचेंगे।

अंजली : ये तकिये देखे तुमने?

सुधीर : चीकट हो गये हैं। उसके ऊपर तौलिया डाल दो।

अंजली : वह बात नहीं, मैं तकिये के कपड़े के बारे में कह रही थी। ध्यान में आया? पिछली बार आये थे तो यह रंजू की स्कर्ट के लिए आया था।

सुधीर : धन्य हो अंजली! उस समय का कपड़ा तुम्हें अब तक याद है?

अंजली : प्रेम से कुछ कीजिए तो उसकी यह कीमत!

सुधीर : हो सकता है रंजू को न पसन्द आया हो।

अंजली : चन्दू भैया को कितना सताते हैं। चन्दू भैया का पैर देखा न? कितना सूजा है! इसी सूजे पाँव से सारा दिन जलाने की लकड़ी कमरे में रखते रहे।

सुधीर : पाँव में क्या हो गया?

अंजली : ट्रैक्टर के पतरे से कट गया। *(रुककर)* कल उन्हें ऐण्टीटिटनस का इंजेक्शन लगवा दो। आज तो सिर्फ हल्दी लेपी गयी है।

सुधीर : हूँ ऽऽ...

(अपने विचारों में डूब जाता है।)

अंजली : पराग के बदले चन्दू भैया को कुछ दिन के लिए ले चलें तो अच्छा। उन्हें भी विश्राम मिलेगा और मेरी भी कुछ मदद होगी।

सुधीर : हाँ!

अंजली : यहाँ दिन-भर खटते रहते हैं।

सुधीर : हाँ।

अंजली : तुम किसलिए मुँह फुलाये बैठे हो?

सुधीर : सच पूछो तो माँ को कुछ समय के लिए ले चलना चाहिए।

अंजली : वे नहीं जाएँगी। मैंने दोपहर में पूछा था। कहती थीं एक साल घर से बाहर नहीं निकलूँगी। इसके अलावा इतना छूत-छात का विचार मुझसे सँभलेगा भी नहीं। *(विराम)*

सुधीर : तुम्हारे कौन से ज़ेवर हमने रखे हैं यहाँ?

अंजली : बहुत से हैं। क्यों?

सुधीर : इस बार अपना सब लेते जाएँगे।

अंजली : वो तुम खुद देखो।

सुधीर : तुम्हारी कोई रुचि नहीं है?

अंजली : भई आपके घर का सोना है वह। मैं क्या बोलूँ?

सुधीर : तुम्हें वह सोना नहीं चाहिए? फूटा हण्डा चाहिए। तुम औरतों का भी विचित्र हिसाब है। छिः।

अंजली : सोना ले जाने वाले बहादुर! एक बार भाई से कहकर देखो फिर बोलो।

सुधीर : वह तो तुम्हारा स्त्री-धन है।

अंजली : वह कितना है? मुझे तो यह भी ठीक-ठीक नहीं पता। तुम

देशपाण्डे लोगों ने मेरा विश्वास कभी किया? तुमने बात शुरू की, इसलिए पूछती हूँ। नहीं तो फिर कोब्रा (कोंकणस्थ ब्राह्मण) वगैरह शुरू हो जाएगा। अपना यहाँ क्या-क्या और कितना-कितना है?

सुधीर : बारह एकड़ जमीन और बाड़े में हिस्सा।

अंजली : एक बार हमेशा के लिए फैसला क्यों नहीं कर लेते?

सुधीर : क्या मतलब?

अंजली : हिसाब करके छुट्टी पाओ। सालों साल हमारा यहाँ आना कहाँ होता है। अभय तो यहाँ का नाम तक नहीं लेना चाहता।

सुधीर : तुम क्या कह रही हो, इसकी समझ भी तुम्हें है?

अंजली : तुम्हारी निरन्तर चल रही बेचैनी को देखकर सुझाव दिया। चाहे तो पैसे न लेकर उन्हीं को सब सौंप दो और छुट्टी पाओ।

सुधीर : मैं ऐसा कुछ भी नहीं करूँगा। यहाँ मेरे नाम पर जब तक कुछ है, मैं अधिकारपूर्वक यहाँ आ सकता हूँ। नहीं तो पराग हमें कल पराया मानेगा। कभी न कभी तो मुम्बई की दो ठस खोलियों को छोड़कर हम यहाँ आएँगे ही। *(रुककर)* कुछ भी हो, भैया मेरा सोना नहीं हड़प सकते। कितनी इज्जत करते हैं तुम्हारी।

अंजली : छि: !

सुधीर : क्यों?

अंजली : *(गम्भीर होकर)* आते-जाते, ऐसी दिखती है, वैसी दिखती है। मुझे नहीं अच्छा लगता।

(लम्बा विराम)

सुधीर : *(व्यग्रता से)* तुम बेवकूफ हो।

अंजली : क्रिया-कर्म समाप्त होते ही हम वापस चल देंगे।

(दोनों जाते हैं। आँगन में अँधेरा। बरामदे में प्रकाश। रंजू रोती है।)

चन्दू : क्या हुआ रंजू?

रंजू : कुछ नहीं।

चन्दू : तो रो क्यों रही है?

(रंजू और रोने लगती है।)

कुछ दर्द-वर्द हो रहा है क्या?

(रंजू नकारती है।)

भाभी को बुलाऊँ क्या?

रंजू : मुझे भी लगता है कि तात्याजी की तरह मर जाऊँ।

चन्दू : तू मूर्ख है। सो जा।

रंजू : मुझे इतना डर लग रहा है चन्दू काका, इतना कि...

चन्दू : किसका डर? मरने का?

रंजू : इस संसार में मेरा कोई नहीं है। मेरी चिन्ता किसी को नहीं है।

चन्दू : ऐसा क्या हो गया?

रंजू : पिताजी कहते हैं कि अँग्रेजी का ट्यूशन बन्द करा देंगे। *(सिसककर)* मैं फिर फेल हो जाऊँगी तो? सब लोग फिर मुझे ही कोसेंगे।

चन्दू : तो रोने से अँग्रेजी सुधरती है क्या?

रंजू : मेरी जिन्दगी एकदम कोरा कागज बन गयी है। मेरे मरने पर क्या तुम्हें मेरी याद आएगी?

चन्दू : वह अभी कैसे बता सकता हूँ? सो जा।

रंजू : फिर पता चलेगा कि मैं कितनी अच्छी थी! ऐसा लगता है कि कहीं भाग जाऊँ।

चन्दू : कहाँ जाएगी? मुम्बई सिनेमा में जाएगी? या उस मास्टर के साथ भाग जाएगी?

रंजू : *(घबराकर)* नहीं बाबा नहीं।

चन्दू : तो सो जा। तेरा दिमाग खराब है।

(बरामदे में अँधेरा। बीच वाले कमरे में प्रकाश। माँ और प्रभा लेटी हैं। प्रभा के शरीर के हिलने से लगता है रो रही है। माँ उठती है।)

माँ : प्रभा ऽऽ *(प्रभा के शान्त होने पर)*, प्रभा, क्या हुआ?

प्रभा : कुछ नहीं।

माँ : इधर मुँह कर।

प्रभा : माँ सो जाओ।

माँ : बेटी, मेरी ओर देखो।

प्रभा : माँ...हमारा क्या होगा?

माँ : सब-कुछ ऊपर वाले के हाथ में है बेटी।

प्रभा : तुमने तो गिरवी रखने के लिए जमीन भी दे डाली।

माँ : प्रभा...

प्रभा : अब तो अपने ही घर में परायी होकर रहोगी।

माँ : *(रुककर)* तू ही बता, मैं क्या कर सकती थी?

प्रभा : तुम भोली हो माँ!

माँ : वही सही। पर मुझे यह तो बता कि बच्चों को दुःखी करके मैं कहाँ जाती? क्या तू समझती है कि जो कुछ चल रहा है वह मैं नहीं जानती? लेकिन तेरे पिताजी जीवित थे तब की बात और थी। *(विराम)* तुझसे भी एक बात कहती हूँ प्रभा! अब सिर पीटना बन्द कर दे। अब मेरा राज नहीं, भाभियों का राज है। समझ-बूझकर पाँव रख। कल तू कहेगी कि बीच में पड़ तो मैं अब उनके बीच पड़नेवाली नहीं। आखिर तो वही सब-कुछ करनेवाले हैं। बचे हुए दिन मुझे उन्हीं के साथ काटनी हैं। तू जिस तरह तड़ातड़ बोलती है। यह ठीक नहीं है।

प्रभा : ये सब एक नम्बर के स्वार्थी हैं।

माँ : स्वार्थ से कौन बचा है, प्रभा? इच्छा हो या न हो, गृहस्थी के प्रपंच में पड़ने पर आदमी अपने आप स्वार्थी हो जाता है।

प्रभा : तुम तो अपने बहू-बेटों की तरफदारी करोगी ही।

माँ : प्रभा! चाहे स्वार्थ कहो या और कुछ, उनसे बिगाड़ करके नहीं चलने वाला।

प्रभा : माँ मुझे पढ़ने दो। कम से कम बी.ए. तो कर ही लेने दो।

माँ : मेरे हाथ में क्या है प्रभा?

प्रभा : किसी प्रकार चार साल मुझे शहर भेजकर सँभाल लो।

माँ : जब ये जीवित थे तब भी किसी को कुछ देने का अधिकार मुझे नहीं था। अब मैं पूरी तरह परवश हूँ।

प्रभा : कितना सहोगी? तात्याजी के रहते भी एक दिन ऐसा नहीं गया, जब तात्याजी ने तुम्हें जली-कटी न सुनायी हो। अपने मन में कितना कुछ दबाकर रखोगी?

माँ : प्रभा! क्या दुःख किसी को दिखाने की चीज है? अपना दुःख अपने पास ही रखना चाहिए। जब सहना सम्भव न हो तो इस बाड़े में बहुत-सी अँधेरी कोठरियाँ हैं। वहाँ जाकर चुपचाप रो

लेना चाहिए। देशपाण्डे परिवार की सभी औरतों ने यही किया है।

प्रभा : मैं ऐसा नहीं करूँगी। मैं अपना सुख पाकर रहूँगी। तुम्हारा तुम्हें दिलवाऊँगी।

माँ : प्रभा! जब सुख नहीं ही मिला तो मैंने खुद ही उसे बिदा दे दी। जो न मिल सके उसे खुद ही दूर कर देना चाहिए।

प्रभा : माँ! मुझे पढ़ने दो। मुझे अपने पैरों पर खड़ी होने दो। हम दोनों अलग रहेंगे। हम किसी के मुहताज नहीं रहेंगे। मुझे अमरावती जाने दो।

माँ : भास्कर क्या कहेगा?

प्रभा : जो चाहें कहने दो उन्हें। माँ तुम्हें कुछ समझ में नहीं आता? वे तुम्हें टुकड़े-टुकड़े करके खा रहे हैं। जब सब समाप्त हो जाएगा तो कचरे के ढेर पर फेंक देंगे। आज तुम्हारी इज्जत इसलिए करते हैं कि तुम उनके लिए खटती हो। कल जब तुममें शक्ति नहीं रहेगी, तो क्या करोगी? ये दोनों अपने बीवी-बच्चों के आगे कुछ देखने को तैयार नहीं।

माँ : प्रभा! प्रेम हमेशा आगे की ओर ही दौड़ता है। मुझे किसी से कुछ भी नहीं चाहिए। भगवान मुझे जल्दी उठा लें, यही अच्छा है। मेरी जान चन्दू पर लगी रहती है। जानवर की तरह खटता रहता है। उसकी न पढ़ाई, न बीवी-बच्चे। उसका अपना कोई नहीं। तुम्हारी शादी रुकी इसलिए उसकी भी रुक गयी। कल को कहीं दुःख-दर्द हुआ, बीमार-वीमार हो...उसकी चिन्ता मुझे खाती जा रही है।

प्रभा : कौन है मेरा?

माँ : प्रभा, हमने सचमुच तेरा बड़ा नुकसान किया है। सभी भाई-बहनों में तू ही सबसे होशियार थी। पढ़ने में तेरी रुचि थी। लेकिन उनका स्वभाव ऐसा था कि किसी की कुछ सुनते ही नहीं थे। एक हठ पकड़ ली कि लड़की की जाति पढ़कर क्या करेगी? बहुत समझाया। मैं ईश्वर की सौगन्ध लेकर कहती हूँ। जमाना बदल गया है। तुम्हारे साथ की कितनी ही लड़कियाँ पढ़-लिखकर नौकरियाँ कर रही हैं, पैसे कमा रही हैं। उन्हें देखकर प्रसन्नता होती है। लेकिन उस जमाने में हम देहातियों में

दृष्टि ही नहीं थी।

प्रभा : तात्याजी कितने वर्षों से मुझसे बोलते न थे। बात इतनी थी कि मैंने उनके द्वारा ले आये लड़कों के साथ शादी से इनकार कर दिया। लेकिन माँ, तू ही सच-सच बता! कैसे थे वे लड़के? सभी अपनी तरह खोखले अमीर, अशिक्षित, विलासी।

माँ : प्रभा, तुमसे नाराज होकर उन्होंने बोलना बन्द कर दिया, ऐसा नहीं है।

प्रभा : मेरे कमरे में आते ही उठकर दूसरी ओर चले जाते थे।

माँ : बेटी, अब तुम्हें क्या बताएँ। तुम्हारे सामने आने में उन्हें शर्म आती थी। आखिरी दिनों में वे कहते थे। इस लड़की का बड़ा नुकसान किया है मैंने। मेरा उद्धार नहीं होगा।

(प्रभा रोने लगती है।)

आँखों में आँसू भरे रहते थे। लेकिन क्या फायदा! *(विराम)* अच्छा, हजार-दो हजार में तेरा निभ जाएगा?

प्रभा : क्या?

माँ : तुम्हारी पढ़ाई?

प्रभा : माँ हजार-दो हजार में आजकल क्या होता है?

माँ : तो तुझे तो पता है, मेरे पास कुछ भी नहीं है। जो थोड़ा-बहुत था वह भी आज सवेरे निकल गया।

प्रभा : तुमने बेकार में दिये पैसे। वे करते इन्तजाम जहाँ से करना होता।

माँ : प्रभा, अगर मेरे बक्से से पैसे निकलते तो कैसा बवाल मचता? तुझे तो पता है, भास्कर किस तरह बक्से खोल-खोलकर देखता है। इसीलिए दे दिये।

प्रभा : माँ, मेरे हिस्से का सोना तो है न?

माँ : भास्कर के पास रखा है।

प्रभा : तीस तोले तक तो होगा ही। वह मुझे दे दो।

माँ : प्रभा...

प्रभा : मुझे यहाँ से निकल जाने दो। यह वाड़ा मुझे खा जाएगा। इस अँधेरे में मेरा दम घुटता है।

माँ : सब-कुछ भास्कर के कब्जे में है। उनके मरने के बाद भास्कर ने जो पहला काम किया, वह यह कि उनके जनेऊ बँधी चाबी

निकालकर रख ली।

प्रभा : तुम्हारे ज़ेवर कहाँ है?

माँ : मेरे भी उन्हीं के पास हैं।

प्रभा : तो समझो सभी गये।

माँ : क्या कह रही है तू? तेरा भाई है वह।

प्रभा : मैं उसे अच्छी तरह पहचानती हूँ। हल्ला करेगा कि चोरी हो गया और सब पचा जाएगा। तुम देख लेना। कल तुम मेरे जेवर माँगकर दे दो।

माँ : क्रिया-कर्म पूरा होने दे। भाइयों में कुछ बात तो होगी ही। उसी समय तू अपना हिस्सा माँग लेना।

प्रभा : नहीं। तुम उनसे कल ही कहो।

माँ : कल नहीं। तेरह दिन बीत जाने दो।

प्रभा : तुम जिन्दगी-भर डरती रहो।

माँ : इस बार मैं नहीं डरूँगी। तू देख लेना। तेरे भले की बात होगी तो उनसे लड़ूँगी भी। लेकिन प्रभा, *(रुककर)* तू इतने सोने का करेगी क्या? बेचेगी?

प्रभा : हाँ।

माँ : मुझे कुछ पता नहीं, इसलिए पूछती हूँ। क्या सचमुच बेचेगी?

प्रभा : माँ। मैं रुपया बैंक में रखूँगी। इतने सोने से पचास-साठ हजार तो आ ही जाएँगे। उसके ब्याज से मेरी पढ़ाई हो जाएगी। एकाध छोटी-मोटी नौकरी भी ढूँढूँगी। ट्यूशन करूँगी। कुछ न कुछ तो करूँगी ही। तुम मेरे साथ आकर रहना।

माँ : कितना पुराना सोना है! वह अपने घर की लाज है, बेटी।

प्रभा : एक बार बी.ए. करके नौकरी लग जाने पर तुम यह गाँव, यह बाड़ा हमेशा के लिए छोड़कर मेरे पास आ जाना। सच कहती हूँ माँ, मुझे सोने, पति, गृहस्थी जैसे किसी चीज की इच्छा नहीं है। हम स्वतन्त्र होंगे। कितनी तकलीफ उठाती हो तुम! तुम सत्तर की होने को आयी। अब कितने दिन आँखें जलाकर चूल्हा फूँकती रहोगी?

माँ : जब तक हाथ-पैर चलते हैं, तब तक करना ही पड़ेगा।

प्रभा : नौकरी लग जाने पर जितना बिका है उतना सोना लाकर तुम्हें लौटा दूँगी। फिर बड़े शौक से अपनी बहुओं को पहनाना उसे।

(हँसकर) एक-एक बहू के गले में हार बनवाकर पहना देना।

माँ : बेटी, कितने दिनों बाद तुम्हारे चेहरे पर हँसी देखी। बेच देंगे सोना। सचमुच बेच देंगे। कितने पुराने गहने! दादी, परदादी के जमाने के गहने। देशपाण्डे लोगों ने जमीनें बेचीं। लेकिन स्त्रीधन को कभी हाथ नहीं लगाया। घर की लक्ष्मी को बाजार में नहीं ले गये। प्रभा! सोने का मतलब सिर्फ रुपया-पैसा ही नहीं है बेटी। इससे एक पीढ़ी से दूसरी, दूसरी से तीसरी पीढ़ी के साथ पूर्वजों का रिश्ता जुड़ा होता है। मैंने जब-जब इन गहनों को पहना तो सोचा कि जाने कितनी स्त्रियों के गले और हाथ को इन गहनों ने छुआ होगा। लगा कि सभी मेरे आस-पास खड़ी हैं और देखकर खुश हो रही हैं। जब पहले पहल इस बाड़े में आयी तो इन्हीं दादीजी को देखा था...साक्षात् लक्ष्मी की तरह जगमगा रही थीं। एक-एक ज़ेवर के बारे में बता रही थीं। किसका है, कब बनवाया गया? *(लम्बी साँस लेकर)* लेकिन तेरे हिस्से का जो होगा वह तुझे दूँगी। कुछ भी हो फिर भी दूँगी।

(अन्धकार। प्रकाश 'अ' कमरे पर। भास्कर खर्राटे भर रहा है। भाभी चौंककर उठती है। उठकर बैठती है।)

भाभी : सुनो तो...

भास्कर : *(चौंककर)* क्या हुआ?

भाभी : जरा बाहर जाकर देखोगे क्या, चन्दू भैया कितना कराह रहे हैं।

भास्कर : कराहने के लिए क्या हो गया उसे? मेरा बाप नहीं मरा है क्या?

भाभी : अरे उसके पाँव में चोट लगी है। हो सकता है हरारत आयी हो। सारा ईंधन उठाकर कोठरी में रखा है। कल सवेरे उसे डॉक्टर के पास ले जाइए। कहीं सेप्टिक-वेप्टिक हो गया तो...

भास्कर : उससे खुद नहीं जाते बनता डॉक्टर के पास? छोटा बच्चा है क्या?

भाभी : अरे भाई! डॉक्टर पैसा लिये बिना दवाखाने पर खड़ा भी नहीं होने देता। चाहे तुम देशपाण्डे हो या कोई और।

भास्कर : देखता हूँ।

भाभी : तुम सबसे बड़े हो। सबका काम बड़प्पन से ही करना चाहिए। नहीं तो लोग क्या कहेंगे? मैं तो अपनी ओर से यही कोशिश

करती हूँ कि तुम पर कोई उँगली न उठाए।

भास्कर : अच्छा, अब मुझे सोने दो।

भाभी : *(हल्के से सहमे स्वर में)* और क्रिया-कर्म समाप्त होते ही जिसका जो है उसे दे डालो।

भास्कर : क्या दे दूँ?

भाभी : आज देखी न हुज्जतबाजी? बाल-बच्चों के आगे कितना तमाशा हुआ। अपने बाद अपने बच्चों के लिए भी तो वही लोग हैं न! दे डालो।

भास्कर : अरे लेकिन दे डालो का मतलब, क्या दे डालो?

भाभी : जिसका जो हिस्सा है दे दो। हम छुट्टी पाएँ।

भास्कर : बारह एकड़ जमीन का हिस्सा बाँट देंगे तो खाओगी क्या?

भाभी : मैं जमीन की नहीं कहती। दूसरे घरों को देखो। हमारे घर के लोग बहुत अच्छे हैं। अंजली भी भली है। पिछली बार रंजू के लिए स्कर्ट का कपड़ा ले आयी थी। उसे क्या बताएँ कि इस देहात में स्कर्ट पहनकर खुली टाँगों से इधर-उधर घूमना ठीक नहीं। लेकिन ले तो आयी। चुपचाप रख लिया, बाद में उसी के तकिये बनवाये।

भास्कर : वह महाधूर्त है।

भाभी : नहीं जी। है कोंकणस्थ जरूर, पर कभी नहीं कहा कि मेरा मुझे दे दो। बस उसे लोग नहीं पसन्द हैं। सुधीर भैया भी ज़ेवर इसीलिए नहीं लेकर गये कि मुम्बई में ज़ेवर पहनकर कौन घूमता है। लेकिन तब तात्याजी जीवित थे। उस समय की बात अलग थी। आज की अलग है।

भास्कर : तुम मुझे होशियारी मत सिखाओ।

भाभी : कल कुछ हो गया तो? हम यह जोखिम क्यों उठाएँ। यहाँ कोई बैंक-वैंक तो है नहीं। एक तिजोरी है वह भी अठारह सौ सत्तावन की। चोर उसे एक ही झटके में खोल देंगे।

(भास्कर हँसता है।)

हँसते क्यों हो?

भास्कर : *(तकिये के नीचे से एक जालीदार पीतल का डिब्बा निकालकर)* लो...

भाभी : *(चौंककर)* यह क्या?

भास्कर : तुम एकदम मूर्ख हो क्या?

भाभी : जहाँ की चीज वहीं रहने दो। समझे?

भास्कर : देखो, इसी में सभी का है। माँ, प्रभा, सुधीर, चन्दू का और मेरा। इसे मैं सुधीर को दिखानेवाला नहीं हूँ।

भाभी : उसे पता नहीं है क्या कि किसका कितना है?

भास्कर : अगर कह दिया कि तात्याजी ने ही बेच दिया तो वह क्या कर लेगा? मैंने परसों ही यह डिब्बा लाकर देवघर में रख दिया था। क्रिया समाप्त होने पर तिजोरी खोलेंगे तो देखेंगे।

भाभी : किसी ने देखा हो तो?

भास्कर : रंजू ने पूछा था, क्या है? क्या है? उसे ऐसी डाँट पिलायी कि...। रोज रात को लाकर तकिये के नीचे रखता हूँ।

भाभी : यह ठीक नहीं है। किसी की हाय मत लो।

भास्कर : सब ठीक है। अन्त में यही काम आएगा। तुम्हारे लाड़ले देवर काम नहीं आएँगे। *(डिब्बा खोलकर)* देखो। पहन लो। देखूँ तो कैसी दिखती हो?

भाभी : अजी, हम सूतक में हैं।

भास्कर : वाह! अपने ससुर का सूतक मनानेवाली तू एक ही निकली। पहन-पहन। कितने दिनों से मैंने तुझे गहने पहने नहीं देखा।

(भास्कर गहने उठाकर भाभी के सामने रखता है। भाभी की आँखें चौंधियाती हैं।)

यह तीस तोले का चन्द्रहार है। पहनो।

(भाभी एक-एक ज़ेवर पहनती जाती है। यह कार्य धीरे-धीरे होता है। भाभी पर जैसे किसी ने जादू कर दिया हो।)

यह पाँच लड़ी मोहनमाला पन्द्रह तोले का, चन्दनहार पन्द्रह तोला, पुतलीहार बीस तोला, यह गुलूबन्द पाँच तोला, यह सिकड़ी पाँच तोला, करधनी दस तोले, ये बाँक दस तोले, तोड़े पचीस तोले, जड़ाऊँ कड़ा बीस तोले, गुजराती तोड़े बीस तोले, कंगन दस तोला, नथ। ज़रा इनमें लगे हीरे और माणिक तो देखो नजर नहीं ठहरती! यह गुलाब का फूल, यह माथबिन्दी, यह टीका, ये तीन अँगूठियाँ—हीरे की, पन्ने की और नौरत्न की।

(भाभी सिर से पैर तक ज़ेवरों से मढ़ी किन्तु उसका व्यक्तित्व आद्योपान्त परिवर्तित दिखाई पड़ता है। तेजस्वी, गम्भीर, अलिप्त कालातीत नारी–सौन्दर्य की प्रतिमूर्ति जान पड़ती है।)

भास्कर : लाखों की मालकिन दिख रही हो, सच कह रहा हूँ।

(भाभी मन्त्रमुग्ध–सी उठती है। आईने के सामने जाती है। बहुत देर तक अपने को देखती रहती है।)

भाभी : *(सम्मोहित स्वर में)* सच कहूँ? मुझे लगता है यह केवल सोना नहीं है, बहुत कुछ है। लगता है कि देशपाण्डे खानदान की सभी औरतें मेरे चारों ओर खड़ी होकर मुझे प्रसन्नतापूर्वक देख रही हैं। दादी की सास, दादी, माँ सभी जैसे मुझे छू रही हैं। कितनी औरतों ने इसे पहना होगा, जतन से सहेजा होगा, जाने किन–किन के हाथ और गले से ये लगे होंगे। कल पराग की बहू इसे पहनेगी तो उसे भी इसी प्रकार मेरा स्पर्श अनुभव होगा। शादी के बाद जब पहले–पहल मैं इस घर में आयी तो माँ कितनी तेजस्वी और लकदक दिख रही थीं? एक–एक ज़ेवर के लिए बता रही थीं किसका है? किसने बनवाया? यह मेरा सौभाग्य है मैं अपनी पुरखिनों की कतार की एक कड़ी हूँ।

(लम्बी खामोशी)

भास्कर : लगता है तुम पर तो जादू हो गया।

(भाभी लम्बी साँस लेती है। एक–एक ज़ेवर उतारकर डिब्बे में रखती है। डिब्बा भास्कर को देती है।)

भाभी : ले जाकर देवता के पास रख दो।

(भास्कर अवाक्)

और कल सबसे पहले जिनका है उन्हें दे दो।

(भास्कर डिब्बा रखने जाता है। भाभी के शरीर पर धूल पड़ती दिखती है। प्रकाश धीमा पड़ता है। अन्धकार। सिर्फ अप्रन पर प्रकाश पड़ता है। शीघ्रता से प्रकाश में वृद्धि। दादी गठरी बनी बैठी हैं।)

दादी : व्यंकटेश ऽऽऽ अरे व्यंकटेशऽऽशऽ? अरे बाबा यहाँ तक मुझे क्यों लेकर आया? छोटे बच्चों की तरह क्या करता है रे! मुझ बूढ़ी का मजाक उड़ाते हो क्या? मैं बहुत ऊब गयी हूँ। समय काटे नहीं कटता। कितने दिन और जीवित रहूँ मैं? कौन हँसता है रे? मेरा जी तो बहुत घबरा रहा है! ऐसा लगता है कि यहाँ कुछ बिगड़ गया है। देशपाण्डे घर ठीक से नहीं चल रहा है। मुझे रात-भर चूहे तंग करते हैं। रात-भर घर में दौड़ते रहते हैं। सारा बाड़ा खोखला हो गया है। कोई बिलों को मूँदनेवाला भी नहीं। मैं भी क्या करूँ? कहाँ-कहाँ मरूँ? पतोहें आ गयीं, नतोहें आ गयीं, नाती-पोते आ गये। अब मुझे उठा लो। अब कुछ भी बचा नहीं है। कौन हँसता है रे? क्या है बाबा?

(माँ घबरायी हुई आती हैं। दादी को देखती हैं। आगे आकर दादी के शरीर को हाथ लगाती हैं। प्रकाश बदलता है।)

माँ : दादीजी...

दादी : *(टटोलकर)* कौन है? बहू हो क्या?

माँ : ये यहाँ तक कैसे आ गयीं? चन्दू, ओ चन्दू!

दादी : व्यंकटेश था तो अभी तक यहीं। कहाँ गया? इंजन के पास तो खड़ा था। व्यंकटेश...

(चन्दू लँगड़ाता हुआ आता है। उसका पैर सूजा हुआ है।)

माँ : अरे ये यहाँ पहुँचीं कैसे? इस ट्रैक्टर के पास। इन्हें उठाओ।

(चन्दू दादी को उठाता है।)

दादी : अरे कौन उठा रहा है मुझे? क्या व्यंकटेश नहीं है यह? अभी-अभी तो यहीं पर था। कहाँ गया?

(दादी एकदम होश में आकर रोती हैं। चन्दू दादी को उठाकर ले जाता है।)

माँ : सँभाल के ले जाना भइया। ये ऐसे क्यों बोल रही हैं? लगता है इन्हें कोई वहम हो गया है।

(माँ सन्न होकर खड़ी हैं। चन्दू वापस आता है।)

उठाकर ले जाता है।)

माँ : सँभाल के ले जाना भइया। ये ऐसे क्यों बोल रही हैं? लगता है इन्हें कोई वहम हो गया है।

(माँ सन्न होकर खड़ी हैं। चन्दू वापस आता है।)

चन्दू : माँ...*(रुककर)* माँ...

माँ : चन्दू! क्या दादी को कुछ दिखाई-विखाई पड़ा?

चन्दू : नहीं जी ! तू घर के भीतर चल।

माँ : इतनी रात बीते ट्रैक्टर के पास पहुँचीं कैसे? *(रुककर)* किसी की जान को कोई शान्ति नहीं। *(एकाएक हाथ जोड़कर)* अगर कोई भूल-चूक हो गयी हो तो क्षमा करना। ये तुम्हारे ही बाल बच्चे हैं। किसी को परेशान नहीं करना। क्या कोई इच्छा पूरी नहीं हुई है? हम पूरी करेंगे। अपना मन किसी चीज में अटकाकर नहीं रखना...

द्वितीय दृश्य

[अंजली भीतर से आती है। बीचवाले कमरे में भाभी बुखार से ग्रस्त पड़ी है। उसका माथा छूती है। वहीं बैठे पराग से भोजन करने को कहती है। बाहर बरामदे में झाँकती है।]

अंजली : माँ...

माँ : क्या बात है बहू?

अंजली : इनसे कहिए दो कौर खा लें।

माँ : बहू, लड़की के बिना वापस लौटे कुछ भी ठीक नहीं है।

(अंजली भीतर जाकर भाभी के पास बैठती है।)

भाभी : अंजली—

अंजली : रंजू मिल जाएगी। भरोसा रखिए।

भाभी : हमें किसकी हाय लग गयी है?

(प्रकाश बरामदे में पड़ता है।)

माँ : चन्दू! मेरा जी तो बहुत घबरा रहा है।

चन्दू : माँ, तुम भीतर चलो। कितनी रात हो गयी है। बारह बज चुके हैं।

माँ : यहीं ठहरो। भीतर तो कुछ बात ही नहीं हो पाती। *(विराम)* रंजू का कुछ पता चला क्या? घर में मुझे कोई कुछ बताता ही नहीं। सुधीर को गये भी चार दिन हो गये। आखिर वह बेवकूफ गयी कहाँ?

चन्दू : सुधीर भैया उसको ढूँढ़ने मुम्बई गये हैं।

माँ : गयी तो गयी लेकिन कहते हैं कि अपने साथ सब बटोरकर ले गयी। क्या यह सच है?

चन्दू : भैया तो यही कह रहे हैं।

माँ : सोना गया तो गया, लड़की मिल जानी चाहिए। हे भगवान! इस देशपाण्डे परिवार की मिट्टी और पलीद न होने दो।

चन्दू : माँ, क्या सारा का सारा चला गया?

माँ : अच्छा हुआ। पाप कट गया। यही सारे झगड़े की जड़ था। आखिरी डोरी भी कट गयी।

चन्दू : माँ, आगे कैसे होगा?

माँ : अरे चन्दू! क्या उसे खुद की कमाई से खरीदकर रखा था? देशपाण्डे लोगों को मिलनेवाली मालगुजारी दूसरों के पसीने की कमाई थी। जिसकी थी उसके पास चली गयी।

चन्दू : प्रभा के कमरे का दरवाजा चार दिन से खुला नहीं?

माँ : सभी के साथ उसका भी गया। कितनी उम्मीद थी *(विराम)* चन्दू और सबका तो निभ जाएगा लेकिन तू तो उजड़ गया।

चन्दू : तुम भीतर चलो।

माँ : अरे बाबा, तू जिन्दगी-भर कितना कष्ट उठाएगा? घर में खटना, खेत पर खटना। सारे घर की जिम्मेदारी अपने ऊपर ले रखी है पैर दुःख रहे हैं क्या?

चन्दू : हाँ, माँ।

माँ : डॉक्टर के पास जाओ। तुम्हें वह ना नहीं करेगा।

चन्दू : नहीं माँ। डॉक्टर फीस पहले माँगता है।

माँ : बाबा, पैर कितना सूज गया है?

चन्दू : लेकिन माँ तुम मेरे पाँव की सिंकाई नहीं करना।

चन्दू : माँ, मेरी बड़ी इच्छा थी कि कोई छोटी-मोटी दूकान खोल लेते और मैं और तुम साथ रहते।

माँ : एक बार यह झंझट बीत जाय तो भास्कर से कहूँगी।

चन्दू : नहीं।

माँ : अच्छा, नहीं क्यों?

चन्दू : भैया ना कर देंगे। एक बार पूछा था। कहते हैं इसमें देशपाण्डे घराने की बेइज्जती होगी। उनका कहना भी ठीक है।

माँ : सब ठीक ही होता है। सबका ही ठीक होता है। लेकिन बिना थोड़ा स्वार्थी बने इस संसार में निभता नहीं है।

(बाहर से सुधीर और रंजू आते हैं।)

माँ : आ गया बाबा? रंजू बेटी!

(सभी के जागते रहने के कारण प्रभा को छोड़कर सारा घर बरामदे में आ गया। लम्बी खामोशी। भाभी लड़खड़ाती हुई जमीन पर बैठकर फूट-फूटकर रोती हैं।)

सुधीर : *(रंजू से)* रंजू, तुम भीतर जाओ।

(रंजू 'अ' कमरे में जाती है।)

भास्कर : कहाँ मिली?

सुधीर : मुम्बई में।

भास्कर : और वह?

सुधीर : मास्टर नहीं मिला। मुम्बई जाने पर मैंने सबसे पहले सभी पुलिस चौकियों में पूछताछ की तो पता चला कि बान्द्रा पुलिस चौकी में एक होटल वाला इसे बिठा गया है। अच्छा हुआ कि मैं समय पर पहुँच गया, वह एक भयानक एरिया है।

भास्कर : और वह?

सुधीर : वह भाग गया। ये लोग वहाँ एक लॉज में रहे। लॉज के मालिक से फिल्म स्टूडियो के बारे में पूछताछ करते रहे। स्टूडियो क्या है? कहाँ है? आधी रात को इसे अकेली छोड़कर, जेवर लेकर भाग गया। यह घबरायी हुई कमरे में बैठी थी। मैंने थाने में रपट लिखा दी है। पकड़ा जाएगा तब पता चलेगा और पकड़े जाने पर भी जो ले गया है वह मिल जाएगा, इसका क्या भरोसा!

(लम्बी खामोशी। भास्कर 'अ' कमरे में जाकर दरवाजा अन्दर से बन्द कर लेता है। भाभी घबराकर बन्द दरवाजे की ओर देखती हैं। भास्कर कोड़े से रंजू को पीटता है। रंजू चिल्लाती है। लेकिन भास्कर उन्मादी की तरह उसे पीटता रहता है। रंजू चीखती-चिल्लाती है। भाभी गिरती-पड़ती दरवाजे तक जाती हैं। वहीं पर धम्म से बैठ जाती हैं और मुँह पर आँचल रखकर रोती है। अंजली भाभी के समीप आकर उसे सँभालती है। पराग सुधीर से चिपक जाता है। थोड़े समय बाद भास्कर कोड़ा फेंक देता है और पलंग पर बैठकर रोने लगता है। खामोशी। फिर भास्कर बरामदे में आता है। रंजू रोते-रोते आईने के पास जाकर देखती है कि रोते हुए वह कैसी लगती है? भाभी बेडरूम से रंजू के पास आती है और उसे गले से लगाती है। प्रकाश केवल बरामदे में पड़ता है।)

भास्कर : सुधीर, तुम्हारे उपकार का ऋण मैं कैसे चुकाऊँ?

सुधीर : भैया, अब जाने भी दो। जो होना था हो गया।

भास्कर : आज छोटा भाई बड़ा और बड़ा भाई छोटा हो गया है।

सुधीर : रंजू मिल गयी न! बाकी बातों का कोई महत्त्व नहीं है।

भास्कर : तुम्हें आने में और दो दिन की देरी हुई होती तो हम गाँव में मुँह दिखाने लायक न रहते। रात में आये यह भी अच्छा हुआ। किसी ने देखा तो नहीं?

सुधीर : नहीं। अमरावती से टैक्सी लेकर आया। जान-बूझकर बस से नहीं आया। जान-पहचान के बीसों लोग मिलते...

भास्कर : अच्छा किया। चार दिन से हम बाड़े के बाहर नहीं निकले हैं।

सुधीर : भैया, क्या गाँववालों को यह खबर बिना मिले रहेगी?

भास्कर : खबर तो होगी ही। अपने मुँह से न कहना पड़े, यही बहुत है।

सुधीर : यहाँ के पुलिस थाने में...

भास्कर : अरे यहाँ से चार मील दूर है। दूसरे गाँव में। रपट नहीं करेंगे भैया! अपनी ही बदनामी क्यों करूँ रपट लिखाकर?

सुधीर : वह सब-कुछ लूट ले गया। अपने पुलिस स्टेशन में तो रपट लिखानी ही पड़ेगी भैया!

भास्कर : वही न कहो सुधीर! मैं हाथ जोड़ता हूँ। गाँव के लोग हमारे मुँह पर थूकेंगे। सोना-चाँदी जाने दो। आना होगा तो फिर आ जाएगा। लेकिन अगर इज्जत चली गयी तो फिर नहीं आएगी।

(सुधीर हताशा के साथ लम्बी साँस लेता है।)

भास्कर : तू समय से लौट आया, यह अच्छा हुआ। कल नौवाँ दिन है। ब्राह्मण आने शुरू हो जाएँगे। जाने कितनी पूछ-ताछ करते।

सुधीर : बंसीलाल ने रुपये दिये?

भास्कर : हाँ, दिये। इतनी कीमती जमीन मिट्टी के भाव चली गयी। मर्जी ऊपर वाले की। जिसके नसीब में जितना रहता है, उसे अन्त में उतना ही मिलता है।

सुधीर : अपनी भी कहीं भूल हो रही है। आखिर हम जो करते हैं वही तो भरते हैं।

(भास्कर समझ नहीं पाता कि सुधीर ताना दे रहा है या कुछ और। वह क्षणभर सुधीर की ओर देखता है फिर उठता है।)

भास्कर : सो जाओ। थक गये होगे।

('अ' कमरे में जाता है।)

सुधीर : अंजली, थोड़ा पानी तो ले आना।

माँ : सुधीर खाना नहीं खाओगे? रखा हुआ है।

सुधीर : नहीं माँ, रास्ते में खा लिया है।

(अंजली भीतर जाती है।)

पराग : काका, अभय से भेंट हुई थी?

सुधीर : मिला था। खड़े-खड़े ही घर जाकर लौट आया। उससे आने के लिए कहा पर उसने मना कर दिया। देहात में उसे कण्टाला आता है।

पराग : मैं मुम्बई चलूँगा तो मिलेगा ही।

(अंजली पानी लेकर आती है।)

सुधीर : पराग... *(पानी पीने में थोड़ा समय लगाता है)* पराग, इस बार तुम मुम्बई न चलो।

पराग : क्यों?

सुधीर : ऐसे वक्त में भैया-भाभी के पास किसी को नहीं रहना चाहिए क्या?

पराग : लेकिन रंजू तो अब मिल गयी है न!

सुधीर : वो तो है। लेकिन फिर भी...

पराग : मैं भी तो इतने दिन अच्छा बना रहा। चाहे काकी से पूछ लीजिए। क्यों काकी, इतने दिन में एक बार भी... ?

अंजली : *(पराग की पीठ पर हाथ रखकर)* तुम्हें लेकर चलेंगे। काका तुमको चिढ़ा रहे हैं।

पराग : सच में काका?

सुधीर : ठीक है, अब सो जाओ। बाद में देखेंगे।

पराग : नहीं पहले मुझे बताओ। दादी, देखो न!

माँ : अरे काकी ने कहा न कि तुम्हें ले चलेंगे।

पराग : नहीं काका, आप बोलिए।

सुधीर : ठीक है। ले चलूँगा। सो जाओ।

(पराग आश्वस्त नहीं होता। वह लेट जाता है।)

माँ : बेटा, सिर का बोझ उतर गया।

(सुधीर और अंजली 'ब' कमरे में जाते हैं। बरामदे में अँधेरा। प्रकाश 'ब' कमरे में पड़ता है।)

अंजली : अभय मिला था?

सुधीर : मिला था *(विराम)* एक बोझा उतर गया।

अंजली : यहाँ तो सभी का खाना-पीना हराम हो गया था। अभय की पढ़ाई ठीक चल रही है?

सुधीर : अच्छी तरह से।

अंजली : पराग को हम अपने साथ ले चलेंगे।

सुधीर : अच्छा?

अंजली : वह सचमुच चार दिन से बाहर नहीं गया। हमेशा मेरे पीछे लगकर काकी-काकी करता रहा। अभी देखा न, ना कहते ही उसका चेहरा किस तरह उतर गया।

सुधीर : लेकिन अंजली, तुम्हीं तो पहले मना कर रही थी।

अंजली : हाँ, मना कर रही थी। लेकिन यहाँ का वातावरण कैसा है, बेचारा घबरा गया है।

सुधीर : *(आश्चर्य से)* क्या कह रही हो?

अंजली : मुँह से सहज निकल गया। वही बार-बार कान में पड़ता है, यहाँ।

सुधीर : देहातिन *(रुककर)* पराग को नहीं ले जा सकते। *(रुककर)* अभय ने स्पष्ट शब्दों में कहा है कि उसे मत ले आना।

अंजली : मुझे मालूम है। अभय के मन में पराग के लिए जरा भी प्रेम नहीं है। वह हमेशा पराग का उपहास करता है। तुम्हारे सामने उसने कभी हिम्मत नहीं की। मैंने भी सोचा अभी छोटा है।

सुधीर : तो तुमने यहाँ पर बन्धु-प्रेम का इतना बखान क्यों किया?

अंजली : यहाँ लोग अभय को कितना चाहते हैं। उनसे क्या यह कहूँ कि अभय तुम लोगों का मजाक उड़ाता है।

सुधीर : इस बार मैंने कहा भर था कि पराग आ रहा है तो बिफर पड़ा। मैं देखता रह गया। पराग को लेकर उसे शर्म आती है। उसके कपड़े, उसकी भाषा। कहता था कि उसके मित्र पूछेंगे तो कह देगा कि गाँव से नौकर आया है।

अंजली : मुँह पर लगाया होता एक थप्पड़।

सुधीर : अपने बराबर हो गया है। बार-बार हाथ उठाने से अपनी क्या इज्जत रहेगी? और फिर हम इसे यहाँ से बड़े उत्साह से ले जाएँ और अभय वहाँ दुत्कार दे तो? पराग थोड़ा मायूस तो जरूर होगा। लेकिन आगे-पीछे ले जाएँगे। वह तकिया मुझे दो।

(विराम)

अंजली : कल पहले एक काम करना। चन्दू भैया को डॉक्टर के पास ले जाना।

(सुधीर के चेहरे पर प्रश्न उभर आता है।)

मुझे लगता है कि उन्हें सेप्टिक हो गया है। घर का वातावरण ऐसा हो गया है। उनकी ओर ध्यान देने का किसी को समय ही नहीं है या किसी को सूझा ही नहीं। मैं चन्दू भैया को पैसे देने लगी तो भाभी एकदम रोने लगीं। कहती हैं कि क्या हम उनके कोई नहीं?

सुधीर : तुम्हें इतनी चिन्ता करने की क्या जरूरत?

अंजली : इसमें कहने की क्या बात है। रंजू गायब हुई तो मालूम है, मुझे

अभय की चिन्ता में रोना आ गया। इतने दिन से अकेला है, ठीक से खाता-पीता है कि नहीं? या फिर दोस्तों को जमा करके पीने बैठता है? जान ठिकाने पर नहीं थी। रंजू प्रकरण से थोड़ा कष्ट हुआ सही। लेकिन...

सुधीर : थोड़ा? एक हजार का धक्का लगा है मुझे। पुलिस को देना पड़ा। वह क्या मैं भैया से वापस माँगूँगा? सोना ऊपर से गया।

अंजली : इस समय वह विचार भी मन में न ले आओ। बंसीलाल जब पैसे देकर गया तो भाई साहब की आँखों से आँसू टपक पड़े।

सुधीर : कितने पैसे दिये उसने?

अंजली : लगता है पन्द्रह हजार। तेरहवीं के बाद लिखा-पढ़ी होगी *(रुककर)* वह यहाँ पर आरा मशीन लगानेवाला है। बुलडोजर के लिए अमरावती खबर भेज चुका है। भाई साहब ने कितना कहा कि चार दिन रुक जाओ। क्रिया-कर्म हो जाने दो। फिर ले आओ अपना बुलडोजर। लेकिन नासपीटे ने कुछ सुना ही नहीं। कहता है यही अच्छा मुहूर्त निकला है।

सुधीर : जो हुआ खूब हुआ। हम भी कहाँ तक पूरे पड़ेंगे। काम निपटते ही हम भी यहाँ से चल देंगे।

('ब' कमरे की ओर अँधेरा। बरामदे में रहस्यमय धूमिल प्रकाश। चन्दू बरामदे के एक कोने में लेटा है। दीवार से सटकर दादी बैठी हैं।)

[अन्त्येष्टि क्रिया के नौवें दिन के अनुष्ठानमन्त्र सुनाई पड़ते हैं। इन मन्त्रों में प्रेत शब्द स्पष्ट सुनाई देता है। आधे मन्त्रोच्चार के होते ही बुलडोजर की आवाज आती है। बुलडोजर और मन्त्रों की आवाज मिश्रित हो जाती है।]

[मन्त्र :

आचम्य प्राणानायम्य देशकालौ स्मृत्वा अत्रिगोत्रस्य व्यंकटेशप्रेतस्य प्रेतत्वविमोक्षार्थम् आद्येऽहनि नवश्राद्धं करिष्ये इति संकल्प्य प्राचीनावीती दक्षिणाभिमुखः आत्मनोऽग्रे दर्भबटुम् उदङ्मुखं संस्थाप्य अत्रिगोत्रव्यंकटेशप्रेत नवश्राद्धे अयं ते क्षण उपतिष्ठतामिति एकं कुशं दत्वा अत्रिगोत्र व्यंकटेशप्रेतनवश्राद्धे इदं ते पाद्यमुपतिष्ठतामिति पाद्यं दत्वा अत्रिगोत्रव्यंकटेश नवश्राद्धे आसनमुपतिष्ठतामिति

दर्भबटुवामभागे एकं सतिलं कुशं दत्वा स्वाग्रे दक्षिणाग्रमेकं कुशं निधाय तत्रैकमुत्तानं पात्रमासाद्य तत्रैकं पवित्रं निधाय तूष्णी जलमासिंच्य तूष्णीमेव तिलान् प्रक्षिप्य तूष्णीमर्घ्यं निवेद्य अत्रिगोत्रव्यंकटेशप्रेतनवश्राद्धे इदमर्घ्यं तवोपतिष्ठतामिति अर्घ्यं दत्वा अत्रिगोत्रव्यंकटेशप्रेत आच्छादनमुपतिष्ठतामित्याच्छादन दर्भं दद्यात्।]

[मन्त्रोच्चार के बाद कुछ समय तक बुलडोलर की घरघराहट। आगे के संवाद के समय मन्द पड़ जाती है। किन्तु घरघराहट का अस्तित्व मन्द-मन्द बना रहता है।]

('ब' कमरे में प्रकाश। सुधीर और अंजली सूटकेस भर रहे हैं।)

सुधीर : सेविंग बॉक्स रख दिया?

अंजली : हाँ।

सुधीर : तौलिया?

अंजली : रख दिया। *(विराम)* तुम्हारी एक कमीज मैंने चन्दू भैया के लिए निकाल दी है।

सुधीर : उसको अमरावती ले जाना पड़ेगा।

अंजली : छुट्टी बढ़ाते हैं क्या?

सुधीर : यह कैसे सम्भव है। मैंने भैया से कह दिया है कि देर हुई तो चन्दू को पाँव गँवाने पड़ेंगे।

(भाभी अन्दर आती है।)

भाभी : इसे रख लो।

सुधीर : यह क्या है भाभी?

भाभी : लड्डू, यह तात्याजी का प्रसाद अभय के लिए ले जाओ।

सुधीर : मुम्बई कब आ रही हैं?

भाभी : यह भी कोई बात है। तुम बुलाओ, हम आ जाएँगे। भैया जरा प्रभा को बुलाओ।

सुधीर : कितनी बार बुलाया। वह बाहर नहीं आती।

(भास्कर झाँकता है।)

भास्कर : सुधीर, समय हो गया है। बस आती ही होगी। जल्दी करो।

(सुधीर उठकर अन्दर जाता है। प्रकाश बरामदे, अ और

ब कमरे पर पड़ता है। बरामदे में दादी, माँ, चन्दू और रंजू, 'अ' कमरे में पराग पलंग पर औंधा पड़ा है। सुधीर बाड़े के भीतरी हिस्से में अदृश्य हो जाता है। कुछ क्षण बाद पुकारता है—प्रभा-प्रभा, दरवाजा खोलो, प्रभा—कुछ क्षणों में ही वह बाहर आता है।)

सुधीर : माँ...

(भास्कर सुधीर का सामान लेकर बरामदे में आता है। उसके पीछे भाभी और अंजली)

भास्कर : चलो, जल्दी करो।

भाभी : इन्हें हर बात की जल्दी रहती है।

भास्कर : मैं आगे जाकर बस को रोके रखता हूँ। *(जाता है।)*

सुधीर : *(दादी का पैर छूकर नमस्कार करता है, अंजली भी)* दादी... *(दादी एकदम रोने लगती है।)*

भाभी : आजकल बोलना बन्द करके रोने का नया काम शुरू कर दिया है।

सुधीर : माँ...

(सुधीर और अंजली माँ के पैर छूकर नमस्कार करते हैं। भाभी के भी। भाभी आँखों पर आँचल रख लेती है।)

भाभी, चन्दू को कल ही अमरावती ले जाना चाहिए। देरी नहीं कीजिएगा।

भाभी : तुम चिन्ता न करो।

सुधीर : *(रंजू से)* ठीक तरह से रहना। पराग कहाँ है?

रंजू : सोया है।

सुधीर : कहाँ?

भाभी : जाने दो भैया।

(खामोशी, सुधीर 'अ' कमरे में जाता है। पलंग पर पराग के पास बैठता है। क्षणभर चुपचाप देखता है। उसके बालों में हाथ फिराता है। फिर बरामदे में आ जाता है।)

सुधीर : *(अंजली से)* चलो। हम शीघ्र ही फिर आएँगे। हम सभी आएँगे।

भाभी : जरूर आना। घर तो तुम्हारा ही है।

सुधीर : चलो।

अंजली : आती हूँ।

(सुधीर और अंजली चलते हैं। सुधीर रुकता है।)

भाभी : भैया अब चलो। अब पीछे मुड़कर न देखो। जितना देखोगे, उतना ही जी उलझता जाएगा। बीच-बीच में पत्र देते रहना। यहाँ आते रहना।

(सुधीर और अंजली एप्रन के छोर तक आते हैं। सुधीर के पैर उठते नहीं। वह पीछे की ओर मुड़कर देखने लगता है।)

सुधीर : अब चलूँ।

(सुधीर एक दो कदम ही चलता है कि...)

चन्दू : *(क्षीण और फटी आवाज में)* सुधीर भैया...

(सुधीर एक क्षण के लिए स्तम्भित हो गया। फिर धीमी गति से अंजली के साथ बाहर चला गया। प्रकाश धीमा होता है। प्रकाश समाप्त हो जाता है। एक प्रकाश खण्ड दीवार से चिपकी बैठी माँ पर पड़ता है। धीरे-धीरे माँ भी दादी जैसी दिखने लगती हैं। बुलडोजर की घड़घड़ाहट बढ़ती है। अँधेरा।)

तालाब के पास खण्डहर

प्रथम अंक

प्रथम दृश्य

[वही बाड़ा। प्रथम भाग की तरह ही सारी व्यवस्था। इस बार बीच के कमरे से कुछ सीढ़ियाँ चढ़ने पर कुछ ऊँचाई पर एक और कमरा दिखेगा। यहाँ प्रभा सोयी हुई है। बाड़े का स्वरूप बहुत बदल गया है। दीवारों पर नीला रंग है। बरामदे में कुछ कुर्सियाँ। बैठक के कमरे में गाँव में ही बना किन्तु नया सोफासेट। एक अच्छा-सा टेपरिकार्डर। खास बात यह कि बिजली आ गयी है। चारों ओर ट्यूब लाइटें लगी हैं। लकड़ी के सामान में कोई परिवर्तन नहीं हुआ है। उसी प्रकार प्रवेशद्वार पर लगी गणपति की चौखट भी जैसी की तैसी है। ऐसा दिखता है कि बाड़े के दिन बदल गये हैं और लोगों की रुचि भी

रात के दस बज चुके हैं। 'अ' कमरे में भाभी, रंजू और भास्कर शादी के लिए खरीदे गये कपड़े देख रहे हैं। माँ बाहर बरामदे में दीवार से टिकी बैठी हैं अँधेरे में झाँकते हुए।]

भाभी : बहुत हो गया देखना। सब समेटकर रखो। कब के दस बज चुके हैं।

रंजू : अरे जरा देख लेने दो न।

भाभी : अभी क्या देखना बाकी है। बार-बार हाथ लगाकर मैला कर रही है। आखिर पन्द्रह दिन के बाद तो सब पहनना ही है न।

रंजू : देखा, मैंने बोला था न कि शालू लाल रंग का ही मुझे चाहिए।

भास्कर : लाल हो या पीला। इतने प्यार से लाया तो है। इस बेवकूफ को सन्तोष ही नहीं है।

भाभी : नहीं तो क्या, अपनी पत्नी के लिए देखो कितनी सस्ती साड़ी लाया है!

रंजू : और जो टोकरी-भर गहने भाभी के लिए बनवाये हैं, उसका क्या!

भास्कर : उसने अपनी कमाई से बनवाये।

भाभी : अजी अकोला के बझलवार को पत्र भेजा क्या? पुराने सम्बन्ध हैं। खाली निमन्त्रण पत्रिका भेजने से काम नहीं चलेगा।

भास्कर : पत्र-वत्र डालने का काम सुधीर आकर करेगा।

भाभी : और वणी में माँ के एक चचेरे मामा रहते हैं।

भास्कर : आ चुका वह बूढ़ा। एक पैर उठाने के लिए उस बूढ़े को तीन दिन विचार करना पड़ता है। बानबे-तिरानबे का तो होगा न?

भाभी : तो क्या! माँ भी तो अब इक्यासी की हो गयीं।

भास्कर : दादी अब तक होतीं तो पूरे एक सौ एक वर्ष की हो गयी होतीं।

रंजू : माँ तू भी क्या इतनी बूढ़ी हो जाएगी?

भाभी : नहीं रे बाबा। क्या करना इतनी लम्बी जिन्दगी लेकर। उठा सब।

रंजू : चाची क्या प्रेजेण्ट लाएगी, मेरे लिए?

भाभी : पहले उन्हें आने तो दो।

भास्कर : अभय मोटरकार लेकर आनेवाला है।

भाभी : मुम्बई से इतनी दूर वह कार से क्यों आएगा?

भास्कर : ड्राइवर लेकर आएगा। उन्हें किस बात की कमी है?

भाभी : कमी तो यहाँ भी कुछ नहीं है। और तू रंजू बेवकूफ की तरह काकी के सामने प्रेजेण्ट-प्रेजेण्ट की रट न लगाना।

रंजू : बोला तो क्या हो गया?

भाभी : रंजू, बोलना-चालना तू कब सीखेगी? ससुराल में भी ऐसा किया तो हमारी अच्छी इज्जत बनेगी।

(बाहर मोटर रुकने की आवाज)

रंजू : *(जल्दी से उठती है।)* आ गये *(बाहर को दौड़ती है।)*

भास्कर : देखा, कैसे जल्दी से भागी। मूर्ख।

भाभी : *(उठती हुई)* देखो, मैं कह रही थी कि आज आएँगे।

रंजू : *(वापस आकर)* नहीं आये।

भास्कर : नहीं आये?

रंजू : बंसीलाल की कार है।

भास्कर : उसने ठीक प्रवेशद्वार के सामने खड़ी की होगी?

भाभी : तुम जरा बंसीलाल को समझाकर कहो। पराग अभी आ गया तो फिर उसके साथ झगड़ा करेगा।

भास्कर : करने दो। पराग यों ही नहीं उससे चिढ़ता। साले का दिमाग खराब हो गया है।

भाभी : *(कपड़े पेटी में रखते हुए)* और उसे भी जरा समझाओ।

भास्कर : किसको?

भाभी : और किसको?

भास्कर : तुम कहो। मैं कुछ बोलनेवाला नहीं हूँ।

भाभी : तुम हमेशा ही टाल जाते हो।

भास्कर : बेटा अब बराबर का हो गया है। कल को शादी होगी तो साल-भर में बाप बन जाएगा।

भाभी : तो भी।

भास्कर : और कुछ बोलने को जाओ तो ऐसा करेगा जैसे कुछ सुना ही नहीं।

भाभी : नहीं। आनेवाले भी अपने ही हैं। पर लगता है कि अपना अपने पास ही रहे। बाहर क्यों जाने दें किसी बात को?

भास्कर : देशपाण्डे है वह।

भाभी : धीरे बोलो। माँ बरामदे में बैठी हैं।

रंजू : दादी के लिए पराग भैया कितनी अच्छी साड़ी लाया है।

भाभी : *(क्रोध से)* अब देखो न।

भास्कर : माँ से कहो एक बार सब देख लें।

भाभी : मैंने कहा था। कहने लगीं, तुम लोगों को सब पसन्द है न? थोड़ा इधर-उधर देखा फिर सब बगल में रख दिया *(विराम)* माँ की नजर बहुत कमजोर हो गयी है।

रंजू : माँ, अब तुम क्यों सब ऊपर नीचे कर रही हो?

भाभी : अरे देखो, पराग ने सब गड़बड़ करके रख दिया है। प्रभा के लिए...

भास्कर : वह थोड़े ही आनेवाली है नीचे। और बुलाओ भी नहीं। मेहमान देखकर डर जाएँगे।

भाभी : इतना बीस-पचीस हजार का कपड़ा लेकर आये लेकिन प्रभा दीदी के लिए साड़ी ले आना भूल गये।

भास्कर : बड़ी पहननेवाली वह।

भाभी : वह भले ही न पहने। कुछ व्यवहार भी तो है।

भास्कर : कल गोवर्धन की दूकान से एक मँगवा लेना।

भाभी : मैं कहती हूँ, तुम खुद जाकर ले आओ तो क्या कुछ बिगड़ जाएगा? अच्छी जरीदार, चटक रंगवाली रेशमी साड़ी ले आना। पहने न पहने, अपने से जितना होता है, करना चाहिए।

भास्कर : सुधीर ले ही आएगा।

भाभी : वे ले आएँ चाहे न ले आएँ। अंजली चूकनेवाली नहीं है। देखिए आती है तो कितनी हिम्मत बँध जाती है।

रंजू : काकी तो बस काकी ही हैं एकदम कोंकणस्थ, अनुशासनबद्ध। फटाफट एक के बाद एक काम निपटाएँगी।

भास्कर : *(मुँह में तम्बाखू डालते हुए)* अपनी तो हो गयी।

भाभी : और कोई भी उसके कोंकणस्थपने की बात नहीं करेगा।

भास्कर : अब यह तुम हमसे कहोगी?

भाभी : सच है। पिछले दस वर्षों में उसने सारी जिम्मेदारी खुद पर ली है। गणपति, महालक्ष्मी जैसे त्यौहार आने पर वह तुरन्त आती है मुम्बई से। पानी हो, वर्षा हो वह आती है। हम लोग उसकी कितनी खिल्ली उड़ाते थे।

भास्कर : हम लोग?

भाभी : ठीक है, ठीक है *(विराम)* उससे एक बार कहूँ क्या? नहीं। काकी के साथ उसकी बहुत पटती है। वह सुनेगा तो उसी की सुनेगा।

(भास्कर प्रश्नात्मक दृष्टि से देखता है।)

रंजू, तुम चन्दू काका के लिए देवघर में दूध दे आओ।

रंजू : अँधेरा है न?

भाभी : कैसा अँधेरा रे? इतनी सुन्दर कार्तिक की चाँदनी। जाओ एक दीवार ही तो है बीच में।

रंजू : पन्द्रह दिन के बाद मेरी शादी होनेवाली है और आप लोग सारा काम मुझे ही कहते रहेंगे।

भाभी : तो क्या, मन्दिर में बिठाकर तुम्हारी पूजा करूँ?

रंजू : हाँ।

भाभी : तुम्हारे ही मण्डप में पराग की भी शादी है। वह काम नहीं

करता?

भास्कर : *(क्रोध से)* उठ!

(रंजू पैर पटकते हुए भीतर जाती है।)

भाभी : *(जोर से)* शक्कर मिला के ले जा। इस मूर्ख के सामने बोलने का मतलब है चोरी। *(विराम)* क्या पता चन्दू भैया शादी के समय घर आएगा कि नहीं?

भास्कर : आया तो आनन्द की बात है, नहीं आया तो उसकी मर्जी।

भाभी : हाथ पकड़कर ले आओ।

भास्कर : पर मैं कहता हूँ कि इतनी विरक्ति क्यों?

भाभी : इतना भोगने पर आ ही जाती है।

भास्कर : उसने भोगा? कितना भोगा? हमने कुछ थोड़ा भोगा क्या?

भाभी : ठीक है।

भास्कर : पैर में थोड़ी कमी जरूर रह गयी। क्या हमने कुछ कम कोशिश की? आखिर लँगड़ा तो नहीं हुआ न!

भाभी : अजी पैर की नहीं। अन्दर की कुछ तकलीफ होगी उसे। अपने को क्या पता?

भास्कर : उसको बताना चाहिए न?

भाभी : बताने लायक न हो तो?

भास्कर : मूर्ख!

भाभी : अरे! तुम बैठे-बैठे क्यों नाराज होते हो? उसने कभी किसी बात की शिकायत की?

भास्कर : सारा गाँव हँसी उड़ाता है। कहते होंगे भाई को घर से निकालकर मन्दिर में रहने के लिए भेज दिया।

भाभी : सारे गाँव को मालूम है कि देवर जी खुद ही मन्दिर में रहने के लिए गये हैं।

भास्कर : खाना तो घर से ही भेजा जाता है न!

भाभी : *(ऊँचे स्वर में)* क्यों? उसका यहाँ कुछ नहीं है क्या?

भास्कर : *(शर्मिन्दगी से)* नाराज क्यों होती हो?

भाभी : देखो तो...

भास्कर : भूल हो गयी।

भाभी : सभी को सँभालना पड़ता है। हम बड़े हैं।

भास्कर : *(विषय बदलकर)* अंजली के साथ क्या बात करने के लिए कह रही थी?

भाभी : यही पराग के विषय में।

भास्कर : तुम औरतों का भी जवाब नहीं। अपना बेटा किसी की सुननेवाला है? बीवी आ जाएगी तो सब ठीक हो जाएगा।

भाभी : मुझे तो बहुत डर लग रहा है। दूसरे के घर की लड़की लेकर आ रहे हैं और यह ऐसा सनकी स्वभाव वाला। सुधीर का तो नाम भी नहीं लेने देता।

भास्कर : वह और उसका काका।

भाभी : वह कह रहा था कि शादी में वे लोग आये तो शादी ही नहीं करूँगा।

भास्कर : आपस में समझ-बूझ लेंगे।

भाभी : ये पन्द्रह-बीस दिन किसी तरह निकल जाएँ बस!

(रंजू भीतर से दूध का प्याला लिये बरामदे में आती है।)

माँ : कौन? रंजू?

रंजू : हाँ।

माँ : दूध लेकर जा रही है क्या?

रंजू : हाँ।

माँ : शक्कर मिलायी?

रंजू : *(क्रोध से)* हाँऽऽ...

माँ : जाओ!

रंजू : *(धीमे स्वर में)* फालतू पूछ-ताछ।

माँ : रंजू उसके पास शाल जरूर रख देना।

(रंजू गुस्से में अहाते से बाहर निकल जाती है।)

बहू रानीऽऽ...

(भाभी उठकर बरामदे के दरवाजे पर आती है।)

तुम लोग खाना खा लो। वे लोग अब आज नहीं आएँगे।

भाभी : क्या मालूम उनकी मोटर कहीं रास्ते में बिगड़ गयी हो। आप इस ठण्डक में खुले में क्यों बैठी हैं?

माँ : मन नहीं मानता। यहाँ बैठकर राह देख रही हूँ।

भाभी : आनेवाले जब आना होगा, आ जाएँगे। शरीर पर शाल तो ले लीजिए।

माँ : कितने सालों बाद आ रहा है अभय?

भाभी : पन्द्रह-सोलह साल तो हो ही गये होंगे। आखिरी बार जब आया था तब सातवीं कक्षा में था। तब से आज तक नहीं आया।

भास्कर : उसके सामने अपना देहातीपन नहीं दिखाना। इतने साल अमेरिका में रहकर आया है लड़का।

भाभी : होगा।

भास्कर : यही है तुम्हारा...

(बाहर फिर मोटर रुकने की आवाज—हार्न)

लगता है आ गये।

(बाहर से आवाज 'पराग सेठ-पराग सेठ हो ऽऽ')

आ गये साले।

भाभी : *(गुस्से से)* तुम जाकर उनसे कहो। बिलावजह की खटखट।

भास्कर : *(बाहर जाते-जाते)* तुम्हारे बेटे के ही स्नेही-सम्बन्धी हैं सब।

(जाता है।)

माँ : कोई बुला रहा था क्या?

भाभी : *(धीमी आवाज में)* जो नहीं सुनना चाहिए उसे बराबर सुनती हैं *(जोर से)* वही शुभेदारसिंह। समय का कुछ खयाल नहीं। हमेशा आधी रात को आता है दुष्ट।

माँ : कितनों के साथ लड़के की मित्रता है। कितना बड़ा व्यापार? इसीलिए तो आते हैं।

भाभी : *(सिर हिलाते हुए)* सचमुच बहुत बड़ा व्यापार है।

(भास्कर लौटकर आता है।)

भाभी : उससे कहा कि नहीं कि महीना-भर इधर मुँह नहीं दिखाना।

भास्कर : मेरे कहने से उनका आना बन्द हो जाएगा क्या? उनका काम रहता है। इसलिए तो आते हैं।

भाभी : किसलिए आया था?

भास्कर : *('अ' कमरे में जाते हुए)* ट्रक की चाबी माँग रहा था।

भाभी : *(पीछे जाती हुई)* फिर?

भास्कर : फिर क्या?

भाभी : आपने दिया तो नहीं? बाहर इसके क्या-क्या धन्धे रहते हैं, अपने को कुछ भी पता नहीं। उससे कहिए कि मालिक पराग है। उसी से चाबी माँगो।

भास्कर : मैंने मना कर दिया *(विराम)* उसके साथ वह सालुंखे तो और भी...दूर से ही दारू की बास आ रही थी। सफेद टोपी पहने और धोती के पल्ले हिलाता हुआ घूमता रहता है साला।

भाभी : अरे इतना बड़ा सरपंच, क्या इतनी भी अकड़ नहीं दिखाएगा?

भास्कर : दस साल पहले यह अठन्नी का मोहताज था।

भाभी : कौन मानेगा इस बात को? कहते हैं उसने दुमंजिला घर बनाया है।

भास्कर : और सुनने में आता है कि तलेगाँव में शराब की दूकान चलाता है।

भाभी : और वह लाला। बहुत सुन रही हूँ उसके बारे में। सभी लाला-लाला करते रहते हैं।

भास्कर : बिहारी लाल! उसके बारे में क्या कहूँ? एक धन्धा हो तो बताऊँ भी। अमरावती और अकोला में इमारती लकड़ी का उसका बड़ा व्यापार है। सभी बेकानूनी धन्धे। चोरी का माल लेना और बेचना।

भाभी : कभी-कभी तो दिल जोर से धड़कने लगता है। ऐसे लोगों के साथ उसका उठना-बैठना। कल को कोई विपत्ति आ जाए...। *(रुकती है।)*

भास्कर : मुझे तो कुछ अच्छे लक्षण नहीं दिखते।

भाभी : *(चिन्तित स्वर में)* क्यों?

भास्कर : कभी-कभी सुनने में आता है। *(विराम)* तुम चिन्तित न हो तो बताऊँ।

(भाभी सहम जाती है)

आज सवेरे शर्मा आया था।

भाभी : शर्मा?

भास्कर : पुलिस इन्स्पेक्टर।

भाभी : अरे बाप रे, कब?

भास्कर : सवेरे आकर थोड़ी देर बैठा और चला गया। मैंने पूछा, शर्माजी! कुछ चाय-वाय? वह चुप रहा। बिना कुछ खाये-पिये न हिलने वाला आदमी आज गुमसुम मुँह लटकाये क्यों बैठा रहा? जाते-जाते मुझसे बोला कि पराग सेठ को बोलो कि जरा धीरे चलें। बस इतना ही। अब मैं इसका मतलब क्या समझूँ? और उससे क्या कहूँ?

भाभी : इससे तो अपनी गरीबी ही अच्छी थी। *(विराम)* आज शर्मा का व्यवहार कुछ अच्छा नहीं लगा। यही जब बैठक में हँसता था तो तुलसीचौरे तक सुनाई पड़ता था। आज कब आया, कब गया, कुछ पता ही नहीं चला।

भास्कर : शुरू हो गयी तुम्हारी चिन्ता?

(खामोशी, बाहर मोटर के रुकने की आवाज)

भाभी : अब दौड़ो मत। आये होंगे तो घर में ही आएँगे।

(बाहर सुधीर और अंजली की अस्पष्ट आवाज सुनाई देती है।)

आ गये। *(झटके से घर से बाहर बरामदे में आती है।)*

भास्कर : अब तुम खुद दौड़ो।

(सुधीर और अंजली अन्दर आते हैं)

भाभी : भैया, मैं तो सोच रही थी कि देखो आज भी आते हैं कि नहीं?

(सुधीर और अंजली माँ को प्रणाम करते हैं।)

माँ : आ गये बेटा?

सुधीर : माँ! अभी तक जाग रही हैं?

माँ : **(कान पर हाथ रखते हुए)** क्या कहा?

भाभी : जोर से बोलो।

सुधीर : **(ऊँची आवाज में)** मैंने पूछा कि अभी तक जाग रही हैं?

माँ : अरे बेटा, बुढ़ापे में नींद कहाँ आती है?

सुधीर : माँ को अब कम सुनाई पड़ने लगा।

भाभी : कान-आँख दोनों जाने लगे हैं।

माँ : अभय कहाँ है?

भाभी : नहीं आया न! मुझे पहले ही लग रहा था।

अंजली : आया है। बाहर गाड़ी पार्क कर रहा है।

सुधीर : भैया, बाहर ट्रक और कार की भीड़ लगी है, लेकिन वह ट्रैक्टर नहीं दिखाई दे रहा है।

भास्कर : ट्रैक्टर को पराग ने कब का उठाकर अलग कर दिया।

अंजली : मैंने तुमसे नहीं कहा था क्या?

भाभी : उस फालतू ट्रैक्टर में बचा ही क्या था?

सुधीर : ट्रक?

भास्कर : ट्रक अपना है और मोटर बंसीलाल की।

(अंजली और भास्कर भाभी को नमस्कार करते हैं।)

भाभी : हो गया, हो गया। अब जाकर जान में जान आयी। सोचने लगी थी कि कहीं कैन्सिल-वैन्सिल तो नहीं कर दिया?

सुधीर : यहाँ की आपकी सड़कें। दो बार पंक्चर हुआ। कहाँ पूना और मुम्बई के रास्ते और कहाँ अपने विदर्भ के।

भास्कर : पूना और मुम्बई की सड़कें विदर्भ के पैसे से बनी हैं।

भाभी : मुम्बई से कब निकले?

सुधीर : कल सुबह। शाम को जलगाँव में रुके। अभय का एक सहपाठी वहाँ प्रेक्टिस करता है। उसी के यहाँ ठहरे।

अंजली : इतनी मेहमाननवाजी करनेवाला मैंने नहीं देखा।

सुधीर : मात्र छः वर्षों में उसने अपना व्यापार कितना फैला लिया है। चारों ओर से पैसे की ही वर्षा। आज आने ही नहीं दे रहा था।

माँ : *(बेचैन होकर)* अरे अभय कहाँ रह गया?

सुधीर : आ रहा है *(जरा ऊँचे स्वर में)* आ रहा है।

माँ : अरे बुढ़ापे में बेचैनी होती है।

सुधीर : माँ, आ रहा है।

अंजली : आ गया है। आ नहीं रहा है। हम घर में आ चुके हैं।

सुधीर : ठीक है आ गया है। गाड़ी खड़ी कर रहा है। ये आ गया।

(अभय संकोच से आता है। लम्बा, चौड़ा, ऊँचा। देखने में सुन्दर, थोड़ा गंजा, अमेरिका में रहने की व्यक्तित्व में स्पष्ट छाप। क्षणभर खामोशी।)

भाभी : *(प्यार-भरे आश्चर्य से आँखें बड़ी-बड़ी करके)* बाप रे बाप! अरे अभय।

अंजली : *(धीरे से)* नमस्कार कर।

(अभय हाथ जोड़कर नमस्कार करता है। झुककर दादी को ताऊ-ताई को)

भाभी : *(खिलखिलाकर हँसती हुई)* देखो न, सब-कुछ भूल गया। क्यों रे, हमें भी पहचान रहा है कि नहीं?

अभय : *(शर्मिन्दा होकर)* क्या ताई!

भास्कर : यह बेटा तो एकदम गोरा-चिट्टा साहब बन गया।

भाभी : माँ कब से टकटकी लगाये तुम्हारी राह देख रही हैं। प्रणाम करके उनके पास थोड़ी देर बैठो।

(अभय वैसा ही करता है।)

माँ : *(कमजोर नजर से उसे निरखते हुए)* आ गया बेटा? *(उसकी पीठ पर हाथ फेरती है।)* काफी ऊँचा है। क्यों बहू?

भाभी : *(ऊँची आवाज में)* अपने घर का यह पहला गोरा देशपाण्डे है। और अब तो और भी गोरा बनकर आया है।

भास्कर : पहला डॉक्टर देशपाण्डे कहो।

अभय : रंजू नहीं दिखाई पड़ रही है।

भाभी : उसकी याद है तुम्हें?

अभय : थोड़ी-थोड़ी।

भाभी : और पराग?

अभय : हाँ, पराग भैया खूब याद हैं। यहाँ के तालाब में उन्होंने मुझे तैरना सिखाया था। मुझे साफ-साफ याद है।

भास्कर : अभी आते समय गाड़ी किस रास्ते से ले आया? भिवापुर की ओर से या तालाब की ओर से?

अभय : तालाब की ओर से। पराग भैया कहाँ हैं?

भाभी : अभी आता ही होगा *(विषय आगे बढ़ाते हुए)* यह रंजी भी अजीब है, जहाँ बैठी, वहीं बैठी रह जाती है।

सुधीर : भाभी! बाड़े का तो रंग ही बदल गया।

भास्कर : यह सब तुम्हारे भतीजे ने किया है।

अंजली : *(भाभी से)* सब तैयारी हो गयी न?

भाभी : अरे हम देशस्थों की तैयारी आखिरी दम तक कभी समाप्त होती है? बहुत पड़ा है। करो जितना कर सकती हो।

सुधीर : दोनों शादियाँ एक साथ तय कीं, यह अच्छा हुआ। नहीं तो इतनी दूर से दुबारा आना...

अंजली : आना ही है।

भास्कर : तेईस तारीख को रंजू को विदा किया और पचीस तारीख को बहू घर में।

भाभी : तीन काम एक साथ करना शुभ नहीं होता, नहीं तो अभय की भी शादी इसी मण्डप में करवाते। क्यों रे अभय?

अंजली : अभी जनेऊ तो होने दो।

भास्कर : उसे अभी तक बिना जनेऊ का क्यों रखा? यह तो घर में ही कर सकते थे।

सुधीर : अभी तक तो वह मना ही करता रहा है।

भाभी : अरे बाबा, ऐसा नहीं करना। कुछ भी हो, हम लोग ब्राह्मण हैं।

अभय : ताऊजी, मेरे अट्ठाईस साल पूरे हो रहे हैं। गंजा हुआ जा रहा हूँ। चोटी रखेंगे तो कहाँ?

(रंजू भागी-भागी आती है और काकी के गले लगती है।)

अंजली : अरेऽ-अरेऽ रंजू, कल-परसों तेरी शादी हो रही है।

(रंजू का ध्यान अभय की ओर जाता है।)

रंजू : ओऽमाँ...

भाभी : हो गया तेरा ओऽ माँऽऽ

रंजू : अभऽऽ य!

भाभी : हाँ, अभय। चल खाना लगा।

रंजू : मैं तो पहचानती ही नहीं थी।

(अभय रंजू को एक दिलचस्प व्यक्ति मानकर उसे देखता रहता है।)

सुधीर : रंजू! तू कितनी मोटी हो गयी?

भाभी : बैठे-बैठे खाना।

रंजू : अच्छा, इसका मतलब मैं कोई काम ही नहीं करती?

सुधीर : भाभी! इसको पसन्द कैसे किया?

भास्कर : पूरे बीस हजार देना कबूल करना पड़ा।

सुधीर : और सोना?

भास्कर : सोना भी बारह तोले।

सुधीर : बाप रे!

भास्कर : फिर क्या करता! अपनी बेटी ही ऐसी सुलक्षणी है। बारह तोला तो बारह तोला।

रंजू : और जो पराग भैया की पत्नी के लिए इतना किया वह?

भाभी : उसने खुद लिया। अपनी पत्नी को पहनाएगा। तू भी अपने दूल्हे से माँग न।

रंजू : हमेशा अन्याय ही करते रहो हमारे साथ।

भास्कर : जो गहने थे उसे किसने गँवाये?

रंजू : *(रोते हुए)* ऊपर से ताने और...

भाभी : चल उठ। खाना लगा।

(रंजू गुस्से से भीतर जाती है।)

सुधीर : *(आँखें फाड़-फाड़कर देखता है)* भाभीऽऽ?

भाभी : कुछ मत पूछिए।

सुधीर : मामला गम्भीर है।

भाभी : गम्भीर तो है ही। लेकिन किया क्या जाए।

सुधीर : ससुराल में कैसे निभाएगी?

भाभी : निभेगी किसी तरह। एक अच्छी बात है कि सास-ससुर नहीं हैं।

सुधीर : पराग कैसे तैयार हुआ शादी के लिए? पहले तो मना कर रहा था।

भाभी : अरे कुछ न पूछो। पूरे महीने-भर घर में गड़बड़ मची रही।

भास्कर : इसीलिए तो इतनी जल्दी की। कल उसका विचार बदल गया तो क्या करेंगे? इसीलिए सोचा कि एक मण्डप में दोनों की शादी कर दें।

भाभी : बाप रे!

भास्कर : शादी के कार्य में क्या कुछ कम परेशानियाँ होती हैं?

भाभी : कितने कष्ट उठाये हैं तुमने? अब मेरा मुँह न खुलवाओ।

भास्कर : तुम औरतों को लगता है कि सब-कुछ तुम्हीं करती हो।

भाभी : अजी सामान की लिस्ट तक का पता था क्या तुमको?

भास्कर : हमी सयाने। हमी कर्तबी।

भाभी : अभय! वहाँ अमेरिका में भी पति-पत्नी आपस में लड़ते हैं क्या?

अभय : *(हँसकर)* लड़ते हैं। मारामारी भी करते हैं।

भाभी : कहाँ वे सुधरे हुए लोग और कहाँ अपना पिछड़ापन। चलो उठो कुछ खा लो।

(सभी उठने की तैयारी करते हैं। कुछ खड़े हो गये। कुछ आधे उठ गये। कुछ उठने की सोच रहे हैं। इसी बीच बाहर से पराग की दहाड़ती आवाज। दोनों टाँगें तोड़कर हाथ में दे दूँगा। साले! बंसीलाल के पास जाकर चुगली करता है। जा जल्दी से निकल जा यहाँ से। फिर दिखाई पड़ा तो खाल उधेड़कर रख दूँगा। निकल। तड़ातड़ मारने की आवाज। किसी के गिरते-पड़ते भागने की आवाज। बरामदे में पूरी खामोशी। पराग आवेश में आता है। सभी को देखकर एक क्षण रुकता है फिर तेजी से अपने कमरे 'ब' में चला जाता है। वहीं से जोर-से चिल्लाता है। रंजूऽऽ पानी ले आ। पहनी हुई कमीज झटके से निकालकर फेंकता है। एक क्षण बाद रंजू लोटा और गिलास लिये उसके कमरे में सहमी-सहमी जाती है। पराग गटागट पानी पीता है और लोटा जोर-से कोने में फेंक देता है। बाहर सभी लोग डर जाते हैं। रंजू गिलास लिये भीतर की ओर भागती है। पराग बिस्तर पर धम्म से लेट जाता है। खामोशी। भाभी उठकर 'ब' कमरे के दरवाजे तक जाती है।)

भाभी : खा लो। भूखे मत सोना।

(पराग चुप)

पराग!

(पराग चुप)

अरे हम लोग तुम्हारे लिए रुके हुए हैं।

(पराग तिलमिलाकर उठता है। कमीज पहनता है और तेजी से सबके बीच से निकल जाता है। बाहर से दहाड़ता

है—मेरी चारपाई आँगन में रख देना। बहुत देर तक खामोशी। फिर भाभी भीतर जाने लगती है।)

सुधीर : बाऽप रे! भाभीऽऽ!

माँ : खाना नहीं खाया न उसने? वैसे ही चला गया?

सुधीर : यह क्या है? सन्ताप है या और कुछ?

अंजली : अभी पाँच मिनट में गुस्सा ठण्डा होते ही लौट आएगा राघोबा।

सुधीर : अब हमारी हिम्मत है क्या कि उसे राघोबा कहें? *(अभय से)* पहचाना? *(अभय स्वीकारोक्ति में सिर हिलाता है।)*

भाभी : चल रे अभय। भूखा होगा।

भास्कर : उसके खाने के लिए कुर्सी-मेज लगाओ।

अभय : छः वर्षों में इतना बड़ा साहब नहीं हो गया हूँ ताऊजी। मेरे लिए पीढ़ा चलेगा।

सुधीर : लेकिन भैया, यह सारा ठाठ-बाट देखकर मैं तो चकित हो गया। दस वर्ष पहले मैं उसे मुम्बई नहीं ले गया तो अच्छा ही हुआ न!

भास्कर : शिक्षा व्यर्थ नहीं जाती।

भाभी : अब जाने भी दो पुरानी बातें।

सुधीर : मुझे तो क्षण-भर के लिए तात्याजी की याद आ गयी।

भास्कर : बिलकुल। इसने जोर से बोलना शुरू किया तो एकदम तात्याजी। उनकी जैसी ही दहशत सारे गाँव में। इसका चलना, बोलना, बैठना एकदम तात्याजी जैसा।

भाभी : आप ही उसको कितना डाँटते-फटकारते थे?

भास्कर : डाँटते-फटकारते थे इसीलिए तो ये दिन देखने को मिले।

अंजली : भाभी, ननदजी कैसी हैं?

सुधीर : प्रभा नीचे आती ही नहीं, इसलिए यह पूछ रही है।

भाभी : मिल लो *(विराम)* हिम्मत बाँधकर जाओ कमरे में। *(विराम)* पिछले पूरे वर्ष खायीं तो खायीं नहीं तो नहीं। बोलती नहीं गूँगी-सी हो गयी हैं। *(विराम)* भैया, हमसे जितना सम्भव है करते हैं। ननदजी की यह दशा, उधर चन्दू भैया का वह हाल।

सुधीर : खाना कहाँ खाता है?

भाभी : मैं खुद सुबह खाना लेकर जाती हूँ।

सुधीर : चन्दू एक नम्बर का गधा है।

अंजली : अजी...।

सुधीर : दो दिन खाना मत पहुँचाओ। देखो आता है कि नहीं झक मारते हुए घर?

भास्कर : हम कहते हैं, बाबा हमारे लिए न सही माँ के लिए तो घर पर रहो। बुढ़ापे में उसे क्यों दुःखी कर रहा है? माँ इतने दिनों गिरते-पड़ते जाती रहीं। लेकिन अब उनकी आँखें कमजोर हो गयी हैं और पैर भी थक गये हैं। एक वर्ष से माँ-बेटे की भेंट नहीं हुई। यद्यपि घर और मन्दिर के बीच एक दीवार-भर है।

(विराम। रंजू आती है।)

रंजू : खाना लगा दिया है।

भाभी : सामान अन्दर ले जाओ।

सुधीर : उठा रे अभय!

(सभी सामान उठाकर अन्दर ले जाते हैं। माँ बाहर रह जाती हैं।)

भाभी : *(बरामदे के दरवाजे पर आकर)* माँ, अब घर में चलो *(ऊँची आवाज में)* माँ।

माँ : यहीं बैठी रहने दो न। यहाँ अच्छा लगता है।

सुधीर : ठण्डक लग गयी तो?

भाभी : भैया, वे किसी की सुननेवाली हैं क्या? वे पराग की राह देख रही हैं। उसके आये बिना वे घर के अन्दर नहीं जाएँगी।

भास्कर : माँ का अब एक ही काम है—जो भी बाहर गया है, बाहर बैठकर उसके आने का इन्तजार करना।

रंजू : हमारे लिए क्या ले आये हैं?

अभय : सेण्ट्रल पार्क।

भास्कर : तुम्हारे लिए वह अमेरिका की रानी का मुकुट ले आया है। उसको पहनकर ससुराल में गोबर के उपले अच्छी तरह से थापना।

अंजली : वह किसी के भी लिए कुछ नहीं ले आया। सिर्फ पराग के लिए पुलओवर ले आया है।

सुधीर : और पराग ने सीधी तरह उससे पूछा भी नहीं कि कब आया?

भाभी : भैया, वह बहुत क्रोध में आया था।

सुधीर : धन्धा क्या है इसका? इतना ट्रक-व्रक ले रखा है।

भाभी : एक हो तो बताऊँ।

भास्कर : इमारती लकड़ी का ठेका लेता है। दूर-दूर तक उसका माल जाता है।

सुधीर : ठेका का मतलब? कौन देता है ठेका?

भास्कर : बाबा, मैं उसके कारबार पर ध्यान नहीं देता।

सुधीर : उसको लायसेन्स मिला है?

भास्कर : मिला ही होगा न। सभी नेताओं और साहबों में उसका उठना-बैठना है। उसी से सब होता है।

सुधीर : होता है। मतलब?

भास्कर : सुधीर, जमाना बदल गया है। हर दस-पन्द्रह दिनों में खेत पर साहब लोगों की पार्टी होती है।

सुधीर : *(अँगूठा मुँह को लगाकर)* यह?

भास्कर : उसके बिना साहब लोगों की पार्टी होती है क्या? लेकिन सुधीर एक बात आश्चर्य की बताता हूँ। पिछले दस वर्षों में शराब की एक बूँद को भी इसने हाथ नहीं लगाया। यह लोगों को शराब में डुबो देता है। लेकिन खतम होने पर स्वयं घर कोरा का कोरा ही आता है।

(अभय को जम्हाई आती है।)

भाभी : नींद आ रही है क्या रे? तू खाना खाकर सो जा। थक गया है बेचारा।

अभय : मैं नहीं खाता *(जम्हाई)* भयंकर नींद *(जम्हाई)।*

भास्कर : जा फिर सो जा। पराग के कमरे में बिस्तर लगा है।

अभय : लेकिन पराग भैया?

भास्कर : उसका बिस्तर आँगन में रहता है।

अंजली : इतनी ठण्डी में भी?

रंजू : रात को बाहर निकल जाने के लिए ठीक रहता है न!

भाभी : रंजू...

रंजू : सारी दुनिया को मालूम है।

भाभी : बहुत हो गया।

सुधीर : कहाँ जाता है यह रात को?

भाभी : क्या भैया, तुम भी इस पागल की बात पर ध्यान देते हो।

भास्कर : उसके व्यापार से सम्बन्धित लोग रात-बिरात आते रहते हैं। घरवालों की नींद न खराब हो इसलिए बाहर सोता है।

भाभी : कितनी बार कहा कि हमें कोई तकलीफ नहीं होती, तो कहता है कि चाँदनी देखते-देखते नींद अच्छी आती है। पागल है, और क्या!

अंजली : ननद से मिलकर आते हैं। सो तो नहीं गयी होगी?

भाभी : पूरे साल आँख नहीं लगी है। कभी भी जाओ उनके कमरे में खुली आँखों खिड़की के बाहर आकाश की ओर देखती बैठी रहती हैं।

अंजली : अब किसकी दवा हो रही है?

भाभी : कम दवाई हुई क्या! पराग नागपुर से पैठणकर डॉक्टर को टैक्सी में लेकर आया। वे भी बोले—कुछ नहीं हुआ है। कुछ समझ में ही नहीं आता है।

सुधीर : अभय कल देखेगा।

भाभी : कुछ नहीं। सब पागलपन है। चूड़ियाँ कुहनी तक आ जाती हैं सुबह और दोपहर को उनका काम करने के लिए गंगी आती है। कह रही थी कि छाती की एक-एक हड्डी गिनी जा सकती है।

सुधीर : कल मिलेंगे। अभी उन्हें तकलीफ देना ठीक नहीं।

(अंजली सुधीर पर तिरछी नजर डालती है और उठकर प्रभा के कमरे की ओर सीढ़ियाँ चढ़ने लगती है। सुधीर भी मजबूर होकर उसके पीछे-पीछे चलता है। पूरे रंगमंच पर अँधेरा। प्रभा के कमरे में मन्द प्रकाश। चाँदनी की एक लकीर खिड़की से आकर प्रभा के चेहरे पर पड़ती है। और उसके सफेद बाल बादलों की तरह चमक रहे हैं।)

अंजली : *(दरवाजे पर रुककर धीरे-से)* प्रभा दीदी।

(प्रभा एकदम निस्तब्ध! उसकी खुली आँख खिड़की के बाहर चाँदनी पर टिकी हुई। बिना पलक हिलाये। अंजली आगे बढ़कर उसके बिस्तर के पास रुकती है। सुधीर दरवाजे पर आता है। प्रभा को देखकर हक्का-बक्का रह जाता है। पीछे सरकता हुआ आधा अन्दर और आधा

बाहर दरवाजे में खड़ा हो जाता है। अंजली कुछ समय प्रभा को देखती रहती है। फिर अपना दाहिना हाथ प्रभा के माथे पर रखती है। प्रभा निश्चेष्ट। आँखें बाहर की ओर।)

अंजली : क्या दशा बना रखी है?

(प्रभा निश्चेष्ट, अविचल)

अभय आया है। वह कल आप को देखेगा। आपको कुछ नहीं हुआ है। ठीक हो जाएँगी। अब अपने घर का डॉक्टर है न! आपको देखने के लिए ही वह विशेष रूप से आया है। जब तक आप ठीक न हो जाएँ, उसे यहाँ से जाने न दें।

(अपने बोलने की निरर्थकता को समझकर अंजली रुकती है। प्रभा वैसी ही अविचल और हताश। अंजली प्रभा की ओर झुकती है।)

अभी सो जाइए। कल मैं आपके बाल धोऊँगी।

(अंजली पीछे मुड़ती है और उसी समय सुधीर सीढ़ियाँ उतरने लगता है। अंजली कमरे के बाहर आकर दरवाजा बन्द करती है। एक क्षण निराश मुद्रा में दरवाजे पर खड़ी रहती है। फिर एक गहरी साँस लेकर सीढ़ियाँ उतरने लगती है। रंगमंच पर पूरा अन्धकार। प्रथम दृश्य समाप्त।)

द्वितीय दृश्य

[पहले दृश्य के बाद आधा-एक घण्टा बीत चुका है। बीच वाले कमरे पर प्रकाश। वहाँ चारपाई पर माँ सोयी हैं। भाभी और रंजू जमीन पर सोने की तैयारी कर रही हैं। अंजली अपना बिछौना लेकर आती है और भाभी की बगल में रखती है।]

भाभी : अरे अंजली! यहाँ कहाँ? तुम सोओ न अपने पति के कमरे में।

अंजली : यहीं सोने दो न।

भाभी : ऊपर का कमरा ठीक किया है पराग ने तुम्हारे लिए। उसमें खास

तरह का रंग लगाया है।

अंजली : रहने दीजिए। कोठे पर सोने के दिन क्या रह गये हैं हमारे?

भाभी : इतनी जल्दी बूढ़ी हो गयी है क्या?

अंजली : कितनी बातें करनी हैं।

भाभी : रंजू को सोने दो।

रंजू : मेरे बारे में कुछ बुराई करनी होगी। एक बार शादी करके गयी कि जान छूट जाएगी आपकी।

अंजली : रंजूऽऽ।

भाभी : अंजली! इसमें कभी भी सुधार नहीं होगा।

अंजली : आप कबसे इस बीचवाले कमरे में सोने लगीं?

भाभी : अरे माँ जी के लिए। यहाँ अकेली पड़ी रहती हैं। रात में कहीं गिर-विर पड़ीं तो? और उस डिपार्टमेण्ट को हमने अब बन्द ही कर दिया है।

(रंजू हँस पड़ती है।)

अरी निगोड़ी सो न! अंजली तुम सो जाओ। थक गयी होगी।

(सभी लेट जाते हैं। एक क्षण के लिए अन्धकार। फिर मध्य रात्रि का धुँधला प्रकाश। माँ उठती हैं। धीमे पाँव से दीवार को पकड़े-पकड़े बाहर आती हैं। फिर दीवार के साथ बैठ जाती हैं। चेहरे से लगता है जैसे कुछ सुन रही हैं। बड़ी शान्ति और विलक्षण एकाग्रता से माँ कुछ सुन रही हैं। एक क्षण बाद भाभी चौंककर जागती है। बगल में चारपाई को खाली देखकर डर जाती है। हड़बड़ी में बाहर आकर देखती है। माँ को देखकर गहरी साँस छोड़ती है।)

भाभी : माँ जी!

(माँ खोयी-सी रहती हैं। भाभी माँ के पास जाकर उन्हें छूती है।)

कितनी ठण्डी है बाहर। बाहर आते समय बुलाया क्यों नहीं?

माँ : सुनने दो न।

भाभी : क्या सुनने दूँ?

भाभी : क्या सुनने दूँ?

माँ : तुमको सुनाई नहीं दे रहा है?

भाभी : माँ जी, कान मेरे ठीक हैं या आपके?

माँ : बहू! मन्दिर का घण्टानाद सुनाई नहीं पड़ रहा है? और शंखनाद?

भाभी : कैसा घण्टानाद माँ जी? मुझे तो कुछ भी सुनाई नहीं दे रहा है।

(इसी बीच अंजली भी बाहर आती है।)

देखो! इनको अजीब-अजीब आभास होने लगा है।

माँ : कौन? अंजली? तुमको घण्टा और शंख नहीं सुनाई दे रहा है?

अंजली : *(सावधान होकर)* नहीं, माँ जी।

माँ : देखो! चन्दू अभी तक जाग रहा है।

अंजली : कैसे मालूम हुआ?

माँ : *(थोड़े गुस्से से)* मेरा बेटा क्या करता है, इसका पता मुझे नहीं होगा क्या?

भाभी : ठीक है। मुझे भी सुनाई दे रहा है।

माँ : रुक गया।

भाभी : अब घर में चलिए।

माँ : बहूरानी, मेरे पास थोड़ी देर बैठो। अंजली तू भी बैठ।

(बीच में माँ जी और दोनों ओर बहुएँ। खामोशी)

बहू रानी, मैंने तुम लोगों को बहुत तकलीफ दी है न!

भाभी : हाँ! खूब दी।

माँ : गुस्सा न करो। *(विराम)* मुझसे कोई गलती हो तो बता दिया करो। बूढ़ी हो गयी हूँ। आजकल मुझे कुछ सूझता ही नहीं।

भाभी : ऐसा न कहें माँजी। हमें दुःख होता है।

माँ : एक चीज माँगूँ?

भाभी : माँगिए।

माँ : मेरे बाद प्रभा और चन्दू क्या करेंगे?

भाभी : जब तक हम हैं, हाथ-पाँव दुरुस्त हैं तब तक उनकी देखभाल करेंगे। चलिए अब घर में चलिए।

माँ : चलो।

(माँ भाभी का सहारा लेकर धीरे-धीरे घर में जाकर चारपाई पर लेट जाती है। अंजली बाहर चाँदनी देखती

खड़ी रहती है।)

भाभी : तुम्हें भी कुछ सुनाई दे रहा है क्या?

अंजली : चाँदनी देखो। जादू-सी कर रही है। *(विराम)* माँ जी को कैसा अनुभव हो रहा होगा?

भाभी : बुढ़ापा बुरी चीज है।

अंजली : बहुत झुक गयी हैं।

भाभी : कितनी हिम्मतवाली, अभिमानी औरत। अब गीले घाव की तरह दु:खी हो गयी हैं। *(विराम)* देखो! बच्चों में कैसी जान अटकी है। कोई सुख देगा, कोई नहीं देगा लेकिन ममता का अन्त नहीं होता।

(भाभी की दु:खभरी आवाज सुनकर अंजली उसकी ओर देखती है।)

अंजली : क्या हुआ जी?

भाभी : *(सँभलकर)* कुछ नहीं री। ऐसे ही।

अंजली : सब ठीक हो जाएगा। कितना लायक हो गया है पराग! एकदम रोबदार। ऐसी लम्बी-लम्बी मूँछें। आवाज में हुकूमत का रोब। यही पराग है जो काकी-काकी कहते मेरे पीछे-पीछे घूमता था। आज विश्वास ही नहीं होता।

भाभी : यही तो।

अंजली : मुझे बताइए न।

भाभी : अब क्या कहूँ अंजली!

अंजली : तकलीफ होती हो तो मत बताइए।

भाभी : अपना अपने पास ही ठीक है।

(अंजली चुप! फिर एकदम जोर-से)

इसका बिस्तर आँगन में क्यों है? बिना हमें बताये रात को बाहर चला जाता है। इस बेहया को कुछ लाज-शर्म है?

(अंजली के चेहरे पर प्रश्नसूचक भाव)

अरे है एक।

(अंजली के चेहरे पर कुछ समझने का भाव)

अंजली, वह यादव तुम्हें याद है? उसकी बीवी मैना। पिछले

साल वह टी.बी. से मर गया और यह तुरन्त ही गाँव में घूमने लगी। छाछ लेने के लिए रोज आती थी यहाँ। साड़ी को पैरों से हिलाते थिरकते हुए आती थी। मैंने सोचा, होगा जो होगा। अपने को क्या करना। बाद में देखा तो मुँह में पान, आँखों में काजल, पैरों में पायल, बालों में लाल गुलाबी पिन। मुझे ताज्जुब हुआ। मैंने कहा, आइन्दा मेरी चौखट पर मत आना। हाँ, अपने पति पर मुझे विश्वास था। पर इसने तो मेरे बेटे को ही फँसा लिया। कब और कैसे कुछ समझ में ही नहीं आया। एक दिन उसका देवर चिल्लाते हुए आया, तब जाकर पता चला। हम चार लोगों के बीच तमाशा बन गये।

अंजली : भाभी, वह भी अब तीस वर्ष का हो गया है। उसकी शादी पहले ही कर देनी चाहिए थी।

भाभी : अरे रंजू के कारण सब रुक गया। इस लड़की ने घर को उलट-पुलटकर रख दिया।

अंजली : रंजू का घर कैसा है?

भाभी : अब तो यही कहना पड़ेगा कि अच्छा है। नहीं तो क्या! चालीस साल का दोहाजू है। लेकिन अपना घर है। पक्की नौकरी है। खास बात यह है कि पहली औरत से कोई बाल-बच्चा नहीं है। इससे ज्यादा और क्या देखना। अपनी लड़की ही ऐसी। पहले ही गुल खिलाये हैं। दस वर्ष हो गये उस बात को पर ऐसी बातें कोई भूलता है क्या? देशपाण्डे की लड़की भाग गयी थी, देशपाण्डे की लड़की भाग गयी थी—हे भगवान! आज भी इसकी चर्चा अमरावती तक होती है।

अंजली : फिर भी अपने से जितना हो सकता है उतना करना चाहिए। आगे बच्चे और बच्चों का नसीब।

भाभी : मेरी बात मान। अभय की भी शादी करा दे।

अंजली : उसका कुछ समझ में नहीं आता। पक्का चुप्पा है। अमेरिका से सात तारीख को आनेवाला था लेकिन आया उन्नीस तारीख को। न कोई पत्र न तार। मेरी जान ऊपर-नीचे हो रही थी। सोचने लगी आएगा भी कि नहीं?

भाभी : अभय और पराग ऊँचाई और कद-काठी में एक जैसे हैं, सिर्फ अभय गोरा और पराग काला है। जैसे अमावस और पूनम

अड़ोस-पड़ोस में।

अंजली : भाभी, मैं कहती हूँ पराग बहुत अच्छा है। सब-कुछ बोलबाल कर मन साफ कर लेता है। एकदम साफ मन्दिर के बर्तन की तरह। और यह दस बार पूछने पर भी पेट का पानी नहीं हिलने देता। पहले से ही ऐसा है।

भाभी : उधर उसका कुछ है क्या? *(विराम)*

अंजली : परसों हमने उससे स्पष्ट पूछा। जो भी है वह निश्चित रूप से और सच-सच बता। तुम्हें अमेरिका में ही हमेशा रहना है क्या? कोई अमेरिकन लड़की है क्या? तू कर ले उसके साथ शादी। हम कुछ नहीं कहेंगे। मगर वह चुप। ऐसा गुस्सा आता है कि...

भाभी : अरे अंजली! बोलेगा। बच्चों को साफ-साफ बोलने में संकोच होता है।

अंजली : हमने ओवरटाइम कर-करके उसकी मेडिकल की पढ़ाई की। कभी-कभी यूँ ही बोलता है। तुम लोगों को अकेला छोड़कर मैं वहाँ नहीं रह पाऊँगा। तो फिर रहो न यहाँ पर हम लोगों के साथ। मना कौन कर रहा है। लेकिन हम लोग पराये देश में जाकर नहीं रहेंगे। हमने साफ-साफ कह दिया।

भाभी : यहाँ आने के लिए कैसे तैयार हो गया?

अंजली : आया तो। छः साल बाद मुम्बई लौटा। जितना कहो बस उतना। दिनभर आँख के आगे किताब। मैंने कहा धरणगाँव में भी ऐसे पढ़ता रहेगा? ऐसा करना हो तो मत जाओ। पता नहीं क्या सोचा और आ गया। *(विराम)* मुझे तो लगता है कि मुम्बई में वह उधर से आने वाले किसी पत्र का इन्तजार कर रहा था।

(भाभी के चेहरे पर प्रश्नसूचक भाव)

उसकी कोई मित्र है। पन्द्रह दिन मुम्बई में था तो अमेरिका से उसका दो बार फोन आया। वह भी पड़ोसी के घर। हम तो लोकल काल करने के लिए भी विचार करते हैं।

भाभी : अरे करने दो, देवरजी को तो पसन्द है न?

अंजली : पर इसका अभी कुछ और ही चालू है। कहता है मुझे प्रेक्टिस नहीं करनी है। रिसर्च करनी है। जेनिटिक्स-वेनिटिक्स जैसा कुछ चल रहा है।

भाभी: उससे कहो यहीं पर करे।

अंजली : यहाँ सुविधाएँ कहाँ हैं? ऐसा कुछ नहीं। वहाँ जाकर रहने का एक बहाना है। *(विराम)* और रिसर्च का मतलब है कि इसकी आमदनी हमेशा सीमित रहेगी। खार में इसकी क्लीनिक के लिए इतनी बड़ी जगह देखकर रखी है। पहले यह डालर भेजता था। वह सारा पैसा जमा करके हमने खार की जगह में लगाया। मैं कहती हूँ क्या करना है, हम दोनों के लिए दो कमरों की छोटी जगह पर्याप्त है।

भाभी : अरे चली जाओ बड़े घर में। आराम से रहो। *(विराम)* कुछ सुधार होगा।

अंजली : वह विषय ही हमें नहीं चाहिए।

भाभी : अंजली! अपने घर के पुरुषों की एक खास बात है। और दस दोष भले ही हों लेकिन दूसरी औरत की ओर आँख उठाकर नहीं देखेंगे। इसीलिए पराग का व्यवहार इतना बुरा लगता है।

अंजली : कभी-कभी लगता है कि किसी की ओर देखते तो अच्छा होता।

भाभी : क्या कहती हो तुम?

अंजली : अब बहुत तकलीफ होती है भाभी।

भाभी : अरे, समझा-बुझाकर बता दो।

अंजली : झगड़ा, चिड़चिड़ाहट, खटपट, सप्ताह-भर बोलना बन्द। घर में गरमा-गरमी।

भाभी : इस मामले में मैं बहुत सुखी हूँ। मेरा आदमी सन्तोषी है। *(विराम)* डाँटकर कहो। जोर से कहो।

अंजली : जाने दीजिए अपने-अपने भोग हैं। यह तो बताइए कि पतोहू कैसी है?

भाभी : है काली, साँवली। गरीब घर की। पर हट्टी-कट्टी, रोबदार, ऊँची। बड़ी-बड़ी आँखें, तेजस्वी। *(कुछ अभिमान से)* और बी.ए. पास है।

अंजली : इसकी अपने आप छूट जाएगी।

भाभी : अरे तुमने देखा नहीं उसको। ऐसी सुन्दर है कि...

अंजली : किसी ने उसको कुछ कहा नहीं?

भाभी : ये किसी बात में दखल नहीं देते। हमेशा आँखें बन्द किये रहते हैं। एक बार बहुत सोचकर मैं बोली कि 'उसको रखैल बनाया

है।' क्या कहना है! मैं ही शर्म से सिर झुकाये घर के अन्दर चली आयी। *(क्रोध से सन्तप्त होकर)* इसकी इतनी मजाल कि उस औरत को लेकर दो-चार बार अमरावती गया। उसके साथ में फोटो खिंचवाया। लोग कहते हैं कि उस राँड़ ने फोटो फ्रेम कराके बरामदे में लटकाया है। उस पापिन को कोई डर ही नहीं। ऐसा जमाना आ गया है। सब लोग ब्राह्मणों के विरुद्ध हैं। क्या पता सब लोग इसके साथ मिलकर लड़ें भी। कभी-कभी लगता है कि अच्छी-भली लड़की को हम धोखा दे रहे हैं। यह अच्छा नहीं है। मैं उससे आँखें नहीं मिला पाऊँगी। *(विराम)*

अंजली : भाभी, एक बात पूछूँ? बुरा तो नहीं मानोगी?

भाभी : नहीं रे बांबा।

अंजली : मुझे दो-तीन वर्ष से पराग पर शक है।

भाभी : तुम्हारा शक बिल्कुल ठीक है।

अंजली : ऐसा कुछ तो नहीं करता कि मुसीबत खड़ी कर दे?

भाभी : सारी चोरी की लकड़ी की कटाई। जंगल में जाकर चोरी से सागौन की लकड़ी काटना और बेचना। इस तरह का धन अच्छा नहीं, अंजली। इससे किसी का भी भला होने वाला नहीं। *(विराम)* इसकी एक प्रतिज्ञा है कि बंसीलाल ने घर का जो हिस्सा कब्जे में कर लिया है वहाँ से उसे निकालना है। इसका कोई मतलब है? हमी अड़चन में थे। हमने ही उसे वह जगह बेची। लेकिन बंसीलाल का नाम लेते ही यह आगबबूला होने लगता है। और वह भी अब क्या कोई छोटा आदमी है! अच्छा-खासा पैसेवाला है। अमरावती और अकोला में बर्फ की फैक्ट्री लगाया है। लकड़ी का व्यापार तो है ही। और यहाँ पर टाइल का कारखाना लगाने वाला है। उसका भी राजनीतिज्ञों के साथ सम्बन्ध है। व्यर्थ में ऐसे आदमी से दुश्मनी लेना क्या ठीक है? तू ही बता इसमें कोई समझदारी है?

(बाहर प्रवेशद्वार के दरवाजे से धड़ाम की आवाज आती है।)

(धीरे-से) आ गयी सवारी। कुछ पूछताछ नहीं करना, अच्छा!

(दरवाजा बन्द होने की खड़ाक से आवाज। पराग आता

पर लेटता है। वे दोनों पराग की ओर एकटक देखती हैं। पराग के लिए यह असह्य हो जाता है।)

पराग : *(बिना उनकी ओर देखे)* सो जाओ। बहुत हो गयी बातचीत। करवट लेकर उनकी ओर पीठ करता है। वे दोनों उठकर चुपचाप बीचवाले कमरे में जाती हैं। अन्धकार।

(द्वितीय दृश्य समाप्त)

तृतीय दृश्य

[पहले दृश्य के चार दिन बाद। दोपहर के तीन बजे का समय। भास्कर, सुधीर, अभय और अंजली बरामदे में बैठे हैं। सुधीर अखबार पढ़ते हुए, भास्कर पान लगाते हुए, अभय और अंजली निमन्त्रण पत्रिकाओं पर पते लिखते हुए।]

अंजली : कितने रह गये हैं रे?

अभय : बहुत थोड़े बचे हैं। तुम टिकट लगाओ।

अंजली : आज ही पोस्ट करना है। कोई छूटे-ऊटे नहीं तो ठीक है।

भास्कर : हाँऽऽ भले ही शादी में न आ सकें लेकिन अगर निमन्त्रण पत्र नहीं मिलेगा तो सम्बन्धी कितना गुस्सा, कितना अपमान अनुभव करेंगे?

अभय : इस लिस्ट में जितने नाम हैं वे सब अपने रिश्तेदार हैं क्या?

भास्कर : कुछ समीप के हैं, कुछ दूर के हैं।

अभय : *(भास्कर को निमन्त्रण पत्र दिखाते हुए)* ये वझलदार कौन हैं?

भास्कर : *(निमन्त्रण पत्र को देखते हुए)* विनायक राव वझलदार! ये रिश्तेदार नहीं लेकिन तीन-चार पीढ़ियों की पुरानी पहचान है। अरे सुधीर, ये देखो *(निमन्त्रण-पत्र सुधीर को दिखाता है)* कुछ ध्यान में आया?

सुधीर : नहीं, कुछ नहीं?

भास्कर : अरे अभय की लिखाई तो देखो! तात्याजी से कितनी मिलती है। ठीक-ठीक उन्हीं की तरह। ल, र, त एकदम वैसे ही।

सुधीर : सचमुच वैसे ही हैं।

(भाभी भीतर से आती है।)

भाभी : अरे अंजली, तुम खाना खा लो न! कब तक भूखी बैठी रहोगी?

अंजली : अभी रुकती हूँ मैं।

भाभी : लोगों का दोपहर की चाय का समय हो गया और हमारे खाने तक का ठिकाना नहीं। यह पराग न सचमुच...

भास्कर : कहीं काम में अटक गया होगा।

भाभी : ऐसा कुछ नहीं। इसका तो रोज का ही है। कभी भी समय पर खाना नहीं खाता *(विराम)* *(अभय से)* अभय, तेरे भाई ने तुझसे बात की कि नहीं?

(अभय मुस्कराता है।)

अंजली : तू ही बात कर न।

अभय : मैंने कोशिश की!

सुधीर : उसकी इच्छा नहीं है तो तुम्हें ही क्या गरज पड़ी है? मैं तो पूरी तरह शर्मिन्दा हो गया हूँ।

अंजली : एक बार उसे सामने खड़ा करके पूछते क्यों नहीं?

सुधीर : तुरन्त अपना अपमान करवाने के लिए?

भाभी : आने दो। आज खूब पिटाई करती हूँ उसकी।

सुधीर : भाभी जी! दस साल बाद हम आये हैं। सोचा था एकाध महीना रहेंगे। छुट्टी नहीं मिल रही थी। दस बहाने बनाकर किसी तरह मंजूर करवायी। यहाँ आकर देखते हैं तो शरणार्थी से भी बदतर अपनी स्थिति है।

भास्कर : इन बातों पर ध्यान मत दो।

सुधीर : *(एकदम झगड़े पर उतारू)* आपकी तरह सब लोग नहीं रह सकते। भैया, आज हमने गाँव में पराग का फोटो देखा।

भास्कर : हाँ। होगा।

सुधीर : बड़े रोब से घर के बाहर बरामदे में लगाया है।

भाभी : भैया! अब जले पर नमक न छिड़को।

अभय : *(इस झमेले से अपने को मुक्त करते हुए)* मैं यह सब पोस्ट करके आता हूँ।

अंजली : जा ही रहा है तो खेत पर भी देखकर आ कि पराग वहाँ पर है क्या?

भास्कर : जाकर देख आओ। देखो तुम्हारे हिस्से के खेत को कैसा हरा-भरा बनाया है पराग ने।

(अभय जाता है।)

सुधीर : कहते हैं कि वहाँ काटेज बनवायी है।

भास्कर : *(नाराज होकर)* मेरे हिस्से के खेत में बनाया है उसे।

सुधीर : वैसा कुछ नहीं। मैंने तो यों ही पूछा।

भाभी : पराग तो कब से कह रहा है कि बँटवारे का व्यवहार पूरा कर लो।

सुधीर : भाभी जी मैंने बँटवारे के व्यवहार के बारे में कुछ कहा क्या? अभय ने दो वर्षों में बहुत भेजा उधर से और भगवान की कृपा से आगे भी कमाएगा ही।

भाभी : देखो तो गुस्सा कितना करते हैं?

(बाहर का दरवाजा खुलने की आवाज आती है।)

लगता है आ गया। उठ रे अंजली! *(जल्दी से उठते हैं।)*

(पराग आता है और सभी को अनदेखा कर अपने कमरे में चला जाता है।)

पराग : *(कमीज उतारते हुए)* माँ, खाना परोसो।

भाभी : अब तू ही जल्दी कर! काकी तुम्हारे ही लिए भूखी बैठी हैं।

पराग : *(कमरे से ही)* जल्दी परोसो। मुझे अमरावती जाना है।

(भाभी बीच के कमरे में खाना लगा रही है।)

भास्कर : *(बरामदे से)* अरे पराग, बाजा वालों से कहा कि नहीं?

पराग : हाँ।

भास्कर : साले सब सिनेमा का गाना बजाते हैं। कोई राग-रागिनी नहीं। कुछ भी नहीं। सालभर कभी मुँह दिखाने नहीं आएँगे, लेकिन घर में कोई मंगल कार्य पड़ा नहीं कि प्रजावर्ग के सारे लोग हाजिर हो जाएँगे।

(पराग बीच वाले कमरे में जाने के लिए बरामदे में आता है।)

तुम्हारे साहब लोगों के लिए अँग्रेजी में निमन्त्रण पत्रा छपाये हैं। और हाँ, वह इन्स्पेक्टर शर्मा फिर आया था। चुपचाप आया और

बोला कि किसी से कहना मत। ये क्या झमेला है रे?

पराग : हाँ! *(बीचवाले घर में आता है और खाना लगा देखकर रुकता है)* आज यहाँ?

भाभी : वहाँ रसोईघर में चिवड़ा-लड्डू का हंगामा चल रहा है। और जहाँ खाना खाते हैं वहाँ औरतें पापड़ बना रही हैं।

पराग : वह नालायक गजानन आया कि नहीं?

भाभी : *(परोसते-परोसते)* आया। उसकी पत्नी भी आ गयी। बूँदी के लड्डू बना रही है।...पराग।

पराग : बुआ ने खाना खाया?

भाभी : खा चुकी।

पराग : चन्दू काका के लिए थाली गयी?

भाभी : हाँ बाबा, हाँ। क्या रोज-रोज पूछा जाता है?

पराग : चावल।

भाभी : पराग।

पराग : हाँ।

भाभी : एक बात बोलूँ? *(विराम)*

पराग : नहीं।

भाभी : अरे! यह सब ठीक लगता है क्या?

पराग : दही।

भाभी : कुछ बोले-वोलेगा कि नहीं? इतने प्यार से इतनी दूर से आये हैं।

पराग : पानी दो।

भाभी : चार दिन के लिए आये हैं बेचारे।

पराग : पानी।

भाभी : इतनी जल्दी हो गया?

पराग : *(जानबूझकर ऊँची आवाज में)* प्यार करनेवालों को बोलो, आप लोग जो चीजें ले आये हो उन्हें वापस ले जाओ।

(बाहर सन्नाटा। सुधीर तुरन्त उठकर बैठक के कमरे में जाकर बैठता है। भास्कर सिर पर टोपी लगाकर बाहर जाता है।)

पराग : उनसे कहो कि हम अपनी सब चीज ले आये हैं। किसी की मेहरबानी की जरूरत नहीं है।

भाभी : *(क्रोध को दबाते हुए)* तुम्हीं बोलो।

पराग : मुसीबत आयी थी तो कहाँ गये थे ये लोग?

भाभी : मैं अपने लोगों को कुछ नहीं कहूँगी। *(विराम)* रंजू को खोजकर तू नहीं ले आया था।

पराग : आज मुझे देर होगी। बिस्तर आँगन में रखना।

भाभी : अरे बाबा, चार दिन तो हमारी लाज रख। क्या कहेंगे सब?

पराग : मुझे किसी के बाप का डर नहीं है। पानीऽऽ...

(घर के पीछे हाथ धोने के लिए जाता है।)

भाभी : *(क्रोध में बर्तन इकट्ठे करते-करते)* हम डरते हैं।

(पराग हाथ पोंछते-पोंछते बरामदे से होकर अपने कमरे में जाने लगता है। अंजली वहीं पर पान लगा रही है।)

अंजली : ओ पराग पन्त—

(पराग रुकता है लेकिन उसकी ओर देखता नहीं।)

पराग पन्त देशपाण्डे, पान लो।

(पराग चुप)

ले लो तुम्हारे लिए ही बनाया है। इसके लिए मेरे साथ बात करने की कोई मजबूरी नहीं है। लो।

(पराग पान लेकर मुँह में डालता है। मन न होने पर भी थोड़ा रुककर काकी के साथ एकाध शब्द बोलना चाहिए। इसी बीच अंजली तम्बाकू की डिब्बी सामने करती है।)

हाँ, तम्बाकू! तम्बाकू अभी भी चालू है न।

(पराग उससे छुपाकर अपने आप मुस्कराता है।)

आप का डोज मालूम नहीं था। इसलिए पान में नहीं डाला। लो।

(पराग चुटकी में तम्बाकू लेकर मुँह में डालता है।)

लो। शर्माओ नहीं। आप बड़े हैं। काकी से क्या शर्माना?

(पराग एक चुटकी और लेता है।)

हाँ, यह अच्छा हुआ। अब थोड़ी देर हमारे पास बैठो।

(पराग हाथ से रुकने का इशारा करता है। आँगन में आकर पीक थूककर बरामदे में वापस आता है।)

पराग : *(नीचे बैठते हुए)* कैसी रही यात्रा?

अंजली : जाने से पहले पूछ लिया, अच्छा हुआ।

पराग : हाँ।

अंजली : बहुत अच्छी रही। और आज या कल वापस जाने की सोच रहे हैं।

पराग : रंजू की शादी हो जाने के बाद जाइए।

अंजली : कुछ भेंट देंगे कि नहीं हम?

पराग : ऐसा?

अंजली : हम जो ले आये हैं वह चलेगा कि नहीं चलेगा?

पराग : *(हँसकर)* लगता है सुन लिया है।

अंजली : बहुत धीमी आवाज में बोल रहे थे न आप?

पराग : गुस्सा नहीं करो काकी!

अंजली : चल। छोटा नहीं, बड़ा नहीं।

(पराग फिर थूकने जाता है और लौटकर उसके सामने जमीन पर लेट जाता है।)

अरे! चटाई तो ले लो।

पराग : रहने दो।

अंजली : तेरे बाल भी क्या हैं? ठीक से सँवार तो लिया करो। तेल नहीं, कंघी नहीं। कल को बीवी आएगी तो क्या कहेगी?

पराग : काकी, जरा सिर में मालिश कर दो न।

अंजली : *(उसके सिर की मालिश करते-करते)* अभय तो अभी से गंजा होने लगा है।

पराग : यह बुद्धिमान और भाग्यवान का लक्षण है।

(भाभी हाथ पोंछते-पोंछते बाहर आती है।)

भाभी : खूब प्यार करवा ले।

अंजली : झगड़ा पहले ही कर लिया है।

भाभी : झगड़ा-वगड़ा तो सब माँ के साथ।

अंजली : सभी एक जैसे हैं। अकेले पराग को ही क्या कहना!

पराग : अभय ने खाना खाया?

अंजली : हमारे ऊपर का गुस्सा उसपर क्यों निकालता है रे?

पराग : बड़ा आदमी है। बोलने में डर लगता है।

अंजली : पराग, यह जान लो कि फिर सालों-साल भेंट होने वाली नहीं है।

भाभी : क्या सचमुच फिर वहीं लौटकर जाएगा और क्या इसीलिए रुक गया है?

अंजली : उसका सुख वहीं पर है तो हम क्यों आड़े आएँ? *(विराग)* जाता है तो जाए। बुढ़ापे में हम पराग के पास आकर रहेंगे। क्यों रे?

पराग : रोज सिर की मालिश करनी पड़ेगी।

भाभी : अच्छी सेवा करेगा यह।

अंजली : तेरी दुल्हन कैसी है पराग?

(पराग की आँखें सुख से मुँदी हुई हैं।)

पराग पन्तऽऽ!

पराग : *(धीमे स्वर में)* ठीक है।

अंजली : ठीक मतलब?

पराग : हाँ।

अंजली : अच्छी नहीं लगी क्या?

पराग : ठीक है। *(विराम)* कोंकणस्थ नहीं है न?

अंजली : *(सिर पर मारते हुए)* पहले क्यों नहीं बताया? देखी होती मैंने कोई साने, दामले, बापट, भिड़े। शैतान कहीं का।

भाभी : इस रंजू की शादी एक बार निभ जाय। क्या पता कैसे रहती है?

अंजली : बदलेगी। पराग नहीं बदल गया क्या? क्यों रे?

(पराग गहरी नींद में)

भाभी : सो गये बाबा जी।

अंजली : लगता है कि बच्चे अभी बड़े हुए ही नहीं हैं।

भाभी : सब चलता था रे। पर इसका यह...

अंजली : चुपऽऽ। यह उठ जाएगा।

(अभय आता है।)

भाभी : क्यों अभय पत्रों को भेज दिया? बैठ न रे! कपड़े गन्दे होने का डर लगता है क्या? हम देहाती लोग तो ऐसे ही बैठते हैं।

(अभय नीचे बैठता है।)

अब देखो! अरे हम देशपाण्डे हैं। अमेरिका हो आये तो क्या हुआ? घर आने पर तो घर जैसा ही रहना होगा।

(अभय पराग की ओर देखता है।)

सो गया। *(विराम)* अरे तुमसे बोलने में उसे शर्म आती है। इतना बड़ा आदमी बन गया है तू! वह तुमसे बात नहीं करता तो तुम्हीं बात करो न!

अंजली : अभय! वह तुमसे बड़ा है।

भाभी : कितना बड़ा? एक साल बड़ा कोई बड़ा होता है क्या? दोनों ही नंगे अगल-बगल बैठते थे।

अभय : *(हँसते-हँसते)* बस, बस, काकी जी।

भाभी : बस काकी! अमेरिका में कभी काकी की याद आयी?

अंजली : माँ की भी कितनी याद आयी?

अभय : हो गया शुरू तुम्हारा?

अंजली : इससे पूछिए। पाँच वर्ष में कितने पत्र भेजे इसने?

भाभी : अरे अंजली! काम करने वाला आदमी ठहरा। समय नहीं मिलता होगा।

अभय : देखो! काकी जो समझती हैं, वह तुम्हारी समझ में नहीं आता।

अंजली : सब पता है रे! चुप रह।

भाभी : अमेरिकन लड़की से शादी करने का विचार तो नहीं है? क्यों?

अभय : काकी, वैसा कुछ नहीं है।

अंजली : फिर पन्द्रह दिन में दो बार किसका फोन आया? कौन है वह सिन्थिया कि क्या?

भाभी : उसको हिन्दू बनाकर शादी कर बाबा।

अभय : माँ! तुम भी कमाल करती हो।

भाभी : हमें तुम पर गर्व है। घर का डॉक्टर। तू ही जाकर उधर बैठ गया तो हमारा क्या होगा?

अभय : काकी, तुम माँ की बात को सच मानने लगी। अभी कुछ भी नहीं हुआ है।

(भास्कर आता है।)

भास्कर : रंजूऽऽ।

(भास्कर बैठक के कमरे में जाता है।)

भाभी : *(धीमी आवाज में)* है कहाँ घर में! *(ऊँची आवाज में)* वह घर में नहीं है।

भास्कर : कहाँ गयी वह?

भाभी : मेहँदी लगवाने गयी है।

भास्कर : कहाँ?

भाभी : कहाँ गयी है यह बताने का मौका नहीं है। यह जग गया और सुन लिया तो समझो हो गया। *(विराम)* बंसीलाल की बहू बहुत अच्छी मेहँदी रचाती है।

भास्कर : *(बैठक के कमरे से ही)* अरे हम पुरुषों को दोपहर की कुछ चाय-वाय मिलेगी कि नहीं?

भाभी : *(धीरे से)* हमारे तो खाने का ही अभी तक पता नहीं *(जोर से)* करती हूँ। उठ अंजली।

अभय : मैं बनाऊँ चाय? अमेरिका में...

भाभी : बहुत हो गया तेरा अमेरिका। इसके उठने से पहले उस लड़की को बुलाकर ले आ।

(दोनों उठकर अन्दर जाती हैं। अभय क्षणभर रुककर बाहर जाता है। बैठक के कमरे में भास्कर और सुधीर पर प्रकाश पड़ता है।)

भास्कर : अरे सुधीर! ब्याह के भोजन की तारीख पक्की करनी चाहिए।

सुधीर : तो फिर करिए न।

भास्कर : करिए का मतलब?

सुधीर : पक्की करिए।

भास्कर : तू भी सिर में गुस्सा भरकर बैठता है क्या?

सुधीर : कभी-कभी लगता है, इसके व्यवहार के पीछे आपकी पूरी सहमति है। यह हमारा इतना अपमान करता है और आप उसे एक शब्द भी नहीं बोलते?

भास्कर : अपने बराबर का हो गया है। अपने को ही अपने सम्मान की रक्षा करनी होगी। तुम और वह आपस में निपट लो।

सुधीर : यह आपकी खासियत है। कुछ भी हो जाय, कान पर हाथ रखकर अलग हो जाएँगे। मैं वैसा नहीं हूँ।

भास्कर : देखो सुधीर! मुझे भी उसकी बहुत-सी बातें अच्छी नहीं लगतीं।

लेकिन इस बात को नकारा नहीं जा सकता कि घर को तो उसने ही ठीक किया।

सुधीर : किस तरीके से?

भास्कर : तरीके की बात छोड़ो।

सुधीर : आपको यह सब ठीक लगता है क्या?

भास्कर : आज कौन बेदाग है? तो क्या हमी साफ-सुथरे बने रहेंगे?

सुधीर : छिः!

भास्कर : तुम खोट निकाल सकते हो! तुम्हारे लिए यह आसान है। लेकिन हम किस स्थिति से गुजरे हैं, इसे हमीं जानते हैं। *(विराम)*

सुधीर : रंजू के सिर पर अक्षत डालकर मैं तुरन्त निकल जाऊँगा।

भास्कर : तुम्हारी मर्जी!

सुधीर : और इस बार सब पक्का करके ही जाऊँगा।

भास्कर : क्या कमी है तुमको? कौन-सा लेन-देन पक्का करना है?

सुधीर : आपको क्या कमी है? *(विराम)* कमी होती तो इतनी तैयारी न होती। कमी नहीं है तभी यह सब है। यह भी कैसी प्रवृत्ति कि सब कुछ हमेशा अपने को मिलना चाहिए। *(विराम)* मैं भी इस ओर ध्यान नहीं देता था। लेकिन जब इस घर में मेरी यही कीमत है तो मैं भी अपना हिस्सा क्यों छोड़ूँ? मेरे चार एकड़ खेत बाँट दीजिए।

भास्कर : पराग से बात करो।

सुधीर : उसका इससे क्या सम्बन्ध है?

भास्कर : करने-धरने वाला तो वही है।

सुधीर : मेरी जमीन तो आपके अधिकार में है।

भास्कर : वह सिर्फ कहने के लिए। अब तो सारा कारबार उसी के हाथ में है।

सुधीर : वाह! यह अच्छा है। फायदा लेने के लिए आगे और कुछ करने का मौका आए तो सबकुछ झटककर बाहर। बात करूँगा उससे। समझता क्या है वह अपने आपको?

भास्कर : जरूर बात करो।

सुधीर : ग्राहक ढूँढ़कर ले आइए मेरी जमीन के लिए। बेचे बिना मैं यहाँ से जाऊँगा नहीं।

(बरामदे में पराग पहले ही जाग गया है। उसने भास्कर और सुधीर की बातचीत सुन ली है। पराग एकदम तिलमिलाकर उठता है।)

पराग : *(बरामदे से ऊँची आवाज में)* कोई ग्राहक ढूँढ़कर नहीं देगा। देखता हूँ कि जमीन कैसे बेची जाती है?

सुधीर : *(भयभीत, बनावटी समझदारी से)* अरे पराग, जरा शान्ति से बात कर।

पराग : *(आगबबूला होकर)* काकीऽऽ, काकीऽऽ...

(अंजली भीतर से दरवाजे पर आती है।)

काकी, तुम्हारी और चन्दू काका की जमीन पर कुआँ है, वह साझे का है, उसकी इजाज़त पहले ले ले।

(अंजली बिना बात किये वापस जाने लगती है। पराग क्रोध में)

काकीऽऽ..

अंजली : मुझे बहुत काम है।

(भीतर चली जाती है।)

पराग : ***(बरामदे से ही)*** हिस्सा चाहिए। यहाँ आकर आपने पसीना बहाया था या हमने? क्या हमने आपके मुम्बई के घर का अन्न खाया है जो हिस्सा माँग रहे हैं? नहीं मिलेगा। और देशपाण्डे की जमीन घर के बाहर नहीं जाएगी। उसे हम लेंगे। बाहर दस का भाव होगा तो हम पन्द्रह देंगे। आखिर है तो चार टके लालच ही न! लूट मची है लूट। ले जाओ लादकर।

(पराग क्रोध के आवेश में सुधबुध खोकर थरथर काँप रहा है। भास्कर अपने बड़े होने का ध्यान करके बीचबचाव की सोचता है और बरामदे के दरवाजे पर आता है।)

भास्कर : बहुत हो गया!

पराग : आप बीच में नहीं पड़िए।

भास्कर : कहा न कि बहुत हो गया?

पराग : सब कुछ साफ-साफ पक्का करना है न? मैं कर देता हूँ पक्का। अब पक्का हो ही जाने दीजिए।

भास्कर : किस बात का वारा-न्यारा करेगा? ऐं? बस बोल दिया तो बस!

पराग : दस सालों में कभी पूछा या इधर का चक्कर लगाया? चार महीने में एक पोस्टकार्ड डाल दिया तो जिम्मेदारी खतम हो गयी? और उस पोस्टकार्ड में भी क्या? अपनी ही तारीफ—हमारे बेटे को स्कॉलरशिप मिल गयी, हमारा बेटा डॉक्टर बन गया, हमारा बेटा अमेरिका जा रहा है। आपका बेटा अमेरिका जा रहा था, उसी समय देशपाण्डे का ही दूसरा बेटा गले तक कीचड़ में डूबा कीचड़ साफ कर रहा था।

सुधीर : *(धीमे स्वर में)* कीचड़ में रहना ही अच्छा लगता है तो कोई क्या करे!

पराग : *(आधा ही सुनकर)* क्या? क्या कहा इसने?

भास्कर : *(पराग को मर्यादा का उल्लंघन करते हुए देखकर क्रोध से)* क्या गलत कहा उसने? जो कहा ठीक कहा। और तू किससे बात कर रहा है? कोई मर्यादा है? *(विराम। व्यथित होकर)* अरे खेत में सागौन लगा दिया। अच्छी पैदावार देनेवाली जमीन, सोने की थाली जैसी जमीन। सागौन लगाकर बंजर बना दिया।

पराग : पाँच साल बाद जब लाखों आएँगे तब भी क्या ऐसा कहेंगे?

भास्कर : अरे आएँगे लाखों! कितना पूरा पड़ेगा उनसे? बारह एकड़ ही सही। सिंचाई की जमीन। बाप-दादों के समय से हमे पाल-पोस रही है। उसको तुमने हमेशा के लिए बंजर बना दिया। पैसे के लोभ में। पराग! इस तरह एक झटके में मिला पैसा टिकता नहीं है। समझा?

पराग : क्या टिकेगा? आप टिकेंगे? मैं टिकूँगा? टिकनेवाली थी अपनी गरीबी। मुझे कुछ भूला नहीं है। पत्र पर पत्र आपने मुम्बई भेजे। इस आशा से कि कुछ मदद आएगी। हम लाचारी से राह देखते रहे। आयी मदद? क्या जवाब आया? अभय के एडमीशन के लिए डोनेशन देना है। सम्भव नहीं हो पाएगा। अरे आपने भी कीचड़ में ही हाथ डालकर एडमीशन लिया न? किसी के भी हाथ साफ नहीं हैं। किसी के हाथ कलाई तक कीचड़ में डूबे हैं तो किसी के कोहनी तक।

भास्कर : दिल तड़पता है। केला, सन्तरा पैदा करने वाली जमीन—

पराग : कितने साल से आप खेत पर नहीं गये?

भास्कर : वहाँ कदम रखने लायक रह गया है क्या? वहाँ हमेशा तेरे गुण्डे बैठे रहते हैं।

पराग : एक बार जाकर दोनों कुएँ देख आइए। माघ का महीना आया कि तल दिखने लगता है। चैत्र में सूख जाते हैं। जिसे सिंचाई की जमीन कह रहे हैं, उसकी सिंचाई कहाँ से होगी? दो साल से बारिश का अता-पता नहीं है।

भास्कर : बेरोकटोक जंगल कटवाओ!

पराग : जंगल तो पहले भी कटते ही थे।

भास्कर : ब्राह्मण के हाथ से नहीं कटते थे।

पराग : ब्राह्मण के हाथ से मक्खी भी नहीं मारी जाती थी।

भास्कर : और मुसलमानों की तरह ट्रक चलाना सीख।

पराग : उससे क्या बिगड़ा? यहाँ जो पैदा होता है, यही लोग उसे मुम्बई में ले जाकर बेचते हैं। हमारे हाथ पर दो आने रख देते हैं। बाकी सारा मलीदा उनका। दस वर्षों में सभी ने पक्के मकान बना लिये। वह रसूल खान सरपंच बनने की बातें कर रहा है। पिताजी, आपको कुछ पता है कि दुनिया किधर जा रही है?

भास्कर : बहुत अच्छी तरह मालूम है। बदली हुई दुनिया घर में ही घुस गयी है तो और क्या जानना है। बरामदे में आने की किसी की हिम्मत नहीं थी। लेकिन अब सूबेदार सिंह, सालुंके या जाने कौन-कौन से लोग आकर सीधे सीढ़ियाँ चढ़ते हैं। यह देखो, वह देखो। यहाँ हाथ लगाओ, वहाँ हाथ लगाओ।

पराग : तो फिर मैं खेत पर रहने चला जाता हूँ। आप यहाँ आराम से रहिए।

भास्कर : यह बहती हवा के साथ बहना अच्छा नहीं है पराग।

पराग : और मुझे लग रहा है कि मैं बहती धारा में उलटे हाथ मार रहा हूँ।

भास्कर : संकट में आएगा। *(बहुत देर तक खामोशी)*

पराग : मैं उसके लिए तैयार हूँ। *(व्यग्रता से)* मुझे कुछ भी हो जाय घर में किसी को कोई कमी नहीं आएगी। मैं अपना देख लूँगा।

भास्कर : एक बार इज्जत चली गयी तो...

पराग : एक बार चली नहीं गयी थी क्या? पैसे से ही वापस आयी।

भास्कर : मैं हाथ जोड़ता हूँ! ये गैरकानूनी धन्धे छोड़ दो।

पराग : वह नहीं हो सकता।

भास्कर : चाँदा के जंगल में तुम लोग चोरी से ट्रक ले जाते हो। वही कहने के लिए तो शर्मा आया था। फाँसी लग जाएगी रेऽऽ।

पराग : उसके लिए मैं तैयार हूँ। *(विराम)* पिताजी! पहली और आखिरी बार कह रहा हूँ। यह मुझे भी पता है कि मैं जो कर रहा हूँ वह ठीक नहीं है। लेकिन ठीक रास्ते पर चलकर हम लोग अब तक कहाँ पहुँच गये होते? *(विराम)* मुझे भी सारी रात नींद नहीं आती है, तारे गिनते-गिनते रात काटता हूँ।

भास्कर : उस रास्ते से वापस लौट आओ।

पराग : वापस लौटूँ तो जाऊँ कहाँ? कहीं भी गया तो लाला और सूबेदार सिंह तो मेरे पीछे लगे ही रहेंगे। अगर वे नहीं तो और कोई। शहर और शहर के ये भूत हमारे देहात में अब हमेशा के लिए आ गये हैं पिताजी! देहात में आकर देहात को बिना पूरी तरह उजाड़े ये शान्त होने वाले नहीं हैं। अगर जिन्दा रहना है तो उनसे हाथ मिलाना ही एकमात्र रास्ता है। *(विराम)* अब ऊँट पूरी तरह तम्बू में घुस आया है। उस पर सवार हो जाने में ही समझदारी है पिताजी!

भास्कर : ऐसे भी नुकसान, वैसे भी नुकसान।

सुधीर : पर मैंने ऐसा क्या किया था जो मेरी जमीन पर सागौन लगाकर उसे बंजर बना दिया?

पराग : पिताजी इनसे कहें कि क्या इन्हें पता है कि मेरी जमीन कहाँ खतम होती है और इनकी कहाँ से शुरू होती है? क्या पता है कि जमीन का सर्वे नम्बर क्या है? कितना टैक्स देना पड़ता है? मेरी जमीन। मेरी जमीन। मुम्बईकर देशपाण्डे हममें इतनी बेईमानी अभी तक नहीं आयी है। सागौन खाली धरणगाँवकर देशपाण्डे के हिस्से की जमीन में लगे हैं। आपकी और चन्दू काका की जमीन में अनाज और सब्जी ही बोयी जाती है। *(विराम)* पिताजी! लोग घुमा-फिराकर पूछ रहे हैं कि चन्दू काका का हिस्सा बेचते हो क्या? मुझे पता है कि इसके पीछे कौन है? बंसीलाल को टाइल्स की फैक्ट्री खोलनी है। उसकी बगल में पानी का झरना है न। पर मैं इसे होने नहीं दूँगा। और आप भी नासमझी में हाँ नहीं कर दीजिएगा। पहले से ही बोल देता हूँ।

(रंजू धीरे से आती है।)

कहाँ गयी थी रे लड़की?

(रंजू सहमती है। भास्कर बैठक के कमरे की ओर मुड़ता है।)

हाथ पीछे क्यों किये है? ऐं?

(कुछ नहीं का संकेत करते हुए रंजू सिर हिलाती है। अभय आता है और खम्भे का सहारा लेकर खड़ा हो जाता है।)

कल तुझको ससुराल जाना है और तेरे पैर का भँवरा अभी तक घूम ही रहा है? अगर फिर बाहर गयी तो टाँग तोड़कर रख दूँगा। जा मेरा सिल्क का कुर्त्ता लेकर आ और उसमें सोने के बटन लगाकर ले आना। जा!

(रंजू पराग के कमरे में जाती है। उसके हाथ मेहँदी से भरे और गीले होने के कारण उसकी समझ में नहीं आता कि क्या करे। पराग से छिपाकर वह अभय को हाथ दिखाती है।)

जल्दी ले आ।

(अभय पराग के कमरे में जाता है और कुर्ते में बटन लगाता है।)

और बटुआ ला मेरा। नालायक!

माताजी से कह देना कि मुझे देरी होगी। अमरावती में बिहारीलाल के बेटे की शादी है। वहीं जा रहा हूँ।

(अभय कुर्ता लाकर पराग को देता है। उसको देखकर पराग डर जाता है। उससे कुर्ता लेकर बिना उसकी ओर देखे कुर्ता पहनता है। उँगलियों से बाल सँवारता है। बाल सँवारते-सँवारते)

रंजू, मेरी शाल ले आओ।

(रंजू इधर-उधर शाल ढूँढ़ती है। शाल नहीं दिखती। अभय भी कमरे में ढूँढ़ता है।)

रंजू, शाल ले आयी क्या?

(रंजू बहुत भयभीत होती है। अभय को शाल कहीं दिखती नहीं। अन्त में अभय अपना सूटकेस खोलकर अमेरिका से लाया गया पुलओवर निकालता है और बाहर आकर पराग के सामने रखता है।)

अभय : शाल दिखती नहीं है। और रात में ठण्ड लगेगी जरूर।

(पराग पुलओवर न लेने की कोशिश करता है लेकिन अन्त में उसे लेना पड़ता है। वह जल्दी से पुलओवर लेता है। अभय से न बोलते हुए, उसकी ओर न देखते हुए चप्पल पहनकर पराग बाहर जाता है।)

पराग : *(बाहर जाते-जाते)* दरवाजा अन्दर से बन्द मत करना और शर्मा आये तो उसे अमरावती भेज देना।

(पराग जाता है। रंजू मुक्ति का अनुभव करके लम्बी साँस लेती है। अभय खम्भा टेककर खड़ा रहता है। बाहर ट्रक चालू होने की आवाज। धीरे-धीरे पूरा अन्धकार।)

(तृतीय दृश्य, प्रथम अंक समाप्त)

द्वितीय अंक

प्रथम दृश्य

[उसी दिन की रात। सभी सो गये हैं। बरामदे के धीमे प्रकाश में अभय पढ़ रहा है। पराग आँगन में सोया है। दूर कहीं दो बजे का घण्टा बजता है। पराग एकदम जाग जाता है। अभय को देखता है और अनवधानता में एकदम पुकार उठता है।]

पराग : अभूऽऽ।

(अभय आश्चर्य से आँख ऊँची करके उसकी ओर देखता है। पराग को अपनी भूल समझ में आती है। वह मुँह फेर लेता है। मन्द-मन्द मुस्कराता है। फिर अभय की ओर बिना देखे)

सॉरी!

(अभय चुप, शान्त। पराग अभय को मुड़कर देखता है)

सॉरी!

अभय : क्या हुआ?

पराग : भूल से बचपन का नाम जबान पर आ गया। पता नहीं तुम्हें अच्छा लगेगा या नहीं। *(विराम)* और तुमसे बोलने बैठ गया।

(अभय मन्द-मन्द मुस्कराता है। पराग भी हँसता है।)

न बोलना भी बहुत तकलीफ देनेवाली बात है। गुस्सा हो गया क्या रे?

(अभय चुप)

घर आकर रात में मैंने कुछ गड़बड़ तो नहीं की न?

अभय : नहीं तो।

पराग : कल बिहारीलाल ने जबरदस्ती पिला दी। दस वर्षों से एक बूँद का भी स्पर्श नहीं किया था। आज उस नालायक ने मुझे मजबूर कर दिया। एक घूँट लिया मैंने।

अभय : किसी को पता नहीं चला कि आप कब आये। आकर सीधे सो गये।

पराग : अच्छा ! *(खामोशी)* तुम लेते हो कभी-कभी कि नहीं? *(अँगूठा मुँह को लगाता है।)*

अभय : मुम्बई में? घर में? हो गया।

पराग : क्यों?

अभय : एक बार मेडिकल के अन्तिम वर्ष में थोड़ी बियर लेकर घर आया और सो गया तो माताजी सूँ सूँ करके सूँघते हुए मेरे बिछौने के चारों ओर चक्कर काट रही थीं।

पराग : *(हँसता है)* अपनी माताएँ नमूने हैं, नमूने।

अभय : माँ कैन बी हिलेरियस।

पराग : वहाँ? अमेरिका में?

अभय : कभी-कभी।

पराग : सच-सच बताओ।

अभय : हाँ, भाई।

पराग : तुम बोलो झूठ।

अभय : पराग भैया! अपने यहाँ एक गलतफहमी है कि अमेरिकन हमेशा आते-जाते शराब पीते रहते हैं। वहाँ पर काम इतना कसकर करना पड़ता है कि मैं आपको क्या बताऊँ! जिसको काम करना रहता है वह पियक्कड़ नहीं बन सकता। कितने महीनों तक हम शराब का मुँह तक नहीं देखते हैं।

पराग : 'हम' का मतलब अमेरिकन हो गये हो क्या?

अभय : ऐसा नहीं है।

पराग : मैंने सुना है कि तुम वहीं पर हमेशा रहने वाले हो?

अभय : किसने कहा?

पराग : अरे भाई! घर में हमेशा वही खुसर-फुसर तो चल रही है। *(विराम)* जरूर रहो वहाँ जाकर। यहाँ है क्या अपने दरिद्री देश में?

अभय : मेरे ममी-डैडी अकेले पड़ जाएँगे न!

पराग : क्यों? क्या उनका कोई दूसरा नहीं है यहाँ?

अभय : ऐसा नहीं भैया।

पराग : जरूर जाओ अभय! अपनी जिन्दगी बना लो। हमारी जिन्दगी तो बर्बाद ही हो चुकी है।

अभय : ममी-डैडी आकर वहाँ रहने को तैयार नहीं हैं।

पराग : यहाँ रहेंगे।

अभय : माँ का ठीक है। शी इज़ क्लोज़ टु यू। पर पिताजी?

पराग : लेकिन पिताजी का क्या?

अभय : *(हँसकर)* पिताजी की पटेगी तुम्हारे साथ? *(विराम)*

अभय : अच्छा, ऐसा है क्या? *(विराम)*

अभय : लिसन, इफ आइम नाट आस्किंग टू मच।

पराग : अरे भैया मराठी में बोल।

अभय : आपके और डैडी के बीच में क्या हो गया है?

पराग : अच्छा!

अभय : बताओ न!

पराग : जाने दो।

अभय : बताओ भी।

पराग : उस बात को जाने दो, डॉक्टर साहब!

अभय : कहिए। कहिए।

पराग : वे सब पुरानी बातें हैं। उनका अब कोई अर्थ है क्या?

अभय : बताओऽऽ बताओ, कहा तो अब बताओ।

(पराग जोर से हँसता है। उसकी आँखें आनन्द से चमक उठती हैं। सिर के पीछे हाथ टिकाकर बैठ जाता है। अभय की ओर एकटक देखता है।)

क्या हुआ?

पराग : 'बताओ! बताओ! कहा न तो बताओ।' अभू तुम कुछ भी नहीं बदले।

अभय : रहने दो। आप बताइए तो।

पराग : बचपन की याद है क्या रे? मैं तुमको कोई बात बताना शुरू करता था और तुम्हें चिढ़ाने के लिए आधे में छोड़ देता था। सारे घर में मैं आगे-आगे और तुम बताओ, बताओ, कहते हुए पीछे-

पीछे। याद है?

अभय : अच्छी तरह याद है।

पराग : तुम बहुत मारते थे।

अभय : बताओ-बताओ कहते हुए मैं तुम्हें लातों से मारता था। तुम्हारी छाती पर बैठकर तुम्हारे बाल नोचता था। मुझे अच्छी तरह याद है।

पराग : बचपना भी कहो तो एक आनन्द है।

अभय : कभी-कभी एक-एक करके याद आती है वहाँ अमराई में की गयी मस्ती। याद है?

पराग : तो? सिर फूटते-फूटते बचा था एक बार।

अभय : और तालाब में तैरना?

पराग : याद आता है तुम्हें?

अभय : बहुत बार।

पराग : पहले-पहले तुम क्या करते थे?

अभय : आपकी वजह से तालाब में उतरे और मुझे तैरना आया। नहीं तो मुम्बई में असम्भव ही था। गिर जाएगा, डूब जाएगा, लग जाएगा।

पराग : मैं तो बहुत दिनों से तालाब पर तैरने गया ही नहीं और न वहाँ घूमने ही गया।

अभय : यहाँ का बहुत कुछ मुझे भूल गया। लेकिन स्ट्रैंजली वहाँ रहते हुए यहाँ का तालाब इतनी विविधता के साथ मुझे याद आता था कि क्या कहूँ? तालाब और बीचवाले घर की गन्ध।

पराग : वहाँ पर तुम्हें चैन मिलता है क्या?

अभय : काम ही इतना रहता है। *(विराम)* जब यहाँ था तो अमेरिका के सपने देखता था। वहाँ गया तो यहाँ की यादें सताती हैं।

पराग : तुम्हारा कोई दोस्त-वोस्त नहीं है क्या?

अभय : ऐसे कहें तो है।

पराग : मतलब?

अभय : वहाँ का समाज बहुत अलग है, पराग भैया। मेरे जैसे लड़के जो यहाँ से छोड़कर जाते हैं, वहाँ एकदम से घुलमिल नहीं जाते। एक तरह से उनके बीच के होने और एक तरह से बाहरी होने का मिला-जुला भाव बना रहता है। दैट मेक्स वन फील प्रिटी

लोनली। *(विराम)* ऐसे में यहाँ की मिट्टी से जो गये हैं, वे अपना-अपना अलग ग्रुप बनाते हैं। भारतीय तो बहुत हैं, फिर उनके बीच भी मराठी लोगों का अलग ग्रुप, बंगालियों का दूसरा। मैं उन सबों से दूर ही रहा। मैं अकेला ही ठीक हूँ।

पराग : अब वहाँ जाओ ही नहीं।

अभय : कुछ निर्णय कर पाना बहुत कठिन है। मेरा सारा काम वहीं पर है। *(विराम)* पराग भैया! एक बार ऐसा हुआ कि बोस्टन में मैं रात को अकेले वापस आ रहा था, पैदल। अचानक मुझे केवड़े की सुगन्ध का अनुभव हुआ। एकदम जोर से। मुझे आश्चर्य हुआ। बोस्टन में कहाँ से आया केवड़ा? मेरे आस-पास वहाँ चींटी तक नहीं थी। परफ्यूम लगाये हुए किसी व्यक्ति की तो बात ही दूर। वह सुगन्ध रातभर मेरा पीछा करती रही। मैं तो पागल ही हो गया। *(विराम)*

पराग : और फिर वह सुगन्ध गयी कि नहीं?

अभय : सवेरे गयी।

पराग : यह कैसा चमत्कार?

अभय : मैं शायद होमसिक हो गया था। ऐसे समय में जेनेटिक मेमरीज़ कहिए या रेशल मेमरीज कहिए, मन के तल से ऊपर आ जाती हैं। और आश्चर्यजनक रूप से उस समय मुझे यादें भी यहीं की आती थीं। अच्छा, आप ही बताइए, मैं यहाँ कितनी बार आया हूँ? लेकिन यहाँ का तालाब मुझे बहुत याद आता था। आपको आश्चर्य होगा। लेकिन यहाँ मेरे आने का एक कारण यह भी था कि मैं उस तालाब को एक बार फिर देखना चाहता था। परसों वहीं से गाड़ी लेकर आये उस समय चाँदनी में इतना सुन्दर दिखाई दे रहा था कि क्या कहूँ!

पराग : दिन में जाकर देखो!

अभय : क्यों?

पराग : बहुत गन्दा हो गया है। गाँव वाले पानी में जाने क्या-क्या डालते रहते हैं। वहीं बगल में गुड़ के सीजन में भट्ठी लगाते हैं। उसकी सारी गन्दगी पानी में जाती है। दूसरे किनारे पर दो-तीन दारू की हाथ भट्ठियाँ हैं। खुलेआम चलती हैं। ऊपरी हिस्से में काँग्रेस घास भरी पड़ी है। अब तो पानी में भी जाने कौन-कौन-सी

वनस्पतियाँ उग आयी हैं।

अभय : अपने बचपन में तो ऐसा कुछ भी नहीं था।

पराग : कुछ भी नहीं था। यह सब नया है। *(विराम)* एक बार तालाब साफ करने का अभियान चलाना चाहिए।

अभय : एक बार फिर अपने बचपन की तरह हम तैरेंगे।

पराग : *(हँसते हुए)* बचपन की तरह!

अभय : *चुप!*

पराग : क्यों रे! भूल गया क्या? घर वालों के डर से चोरी-चोरी जाते थे इसलिए न तौलिया ले जा सकते थे, न बदलने के कपड़े। नंगे ही तैरते थे।

अभय : *(जोर से हँसते हुए)* मैं तैयार हूँ।

पराग : बेशरम! लाज-हया सब अमेरिका में छोड़ आया। एक बार मैंने तुम्हें बहुत डुबाया था। नहीं क्या? घर आकर तुम साले प्याँऽऽ प्याँऽऽ चिल्लाने लगे और इसी से अपना भण्डा फूट गया था।

अभय : मुझे लगा कि नाक और मुँह में पानी भर जाने से मैं मर ही जाऊँगा।

पराग : पिताजी ने तो मेरी पीठ की खाल ही उधेड़ दी थी।

अभय : मुझे मुम्बई जाने पर मार पड़ी। दो गुनाहों के लिए मार पड़ी। एक तो बिना बताये तैरना सीख लिया, दूसरे भाई की चुगली की। पिता जी ने मुझे बेरहमी से पीटा।

पराग : सुधीर काका ने?

अभय : और नहीं तो कौन? *(विराम)*

पराग : काका जी बाद में बदल गये।

अभय : स्टाप बींग सिली। ही इज़ सो फाण्ड ऑफ़ यू।

पराग : मराठी में बोलो।

अभय : एक बार आमने-सामने बात क्यों नहीं कर लेते?

पराग : छोड़ो। *(विराम)* अभू! प्रभा बुआ को चेक किया क्या?

अभय : कल किया था।

पराग : कैसी हैं?

अभय : कुछ कहा नहीं जा सकता। उन्हें जीने की इच्छा ही नहीं है। यही उनकी बीमारी है। *(विराम)* ह्वाट अ कलोसल वेस्ट ऑफ़ लाइफ?

पराग : यह कैसा घर है? मैं कभी-कभी सोचता हूँ *(विराम)* मुझे तो यह अपना घर लगता ही नहीं। हमेशा लगता है जैसे मेहमान हूँ।

अभय : मुझे मुम्बई में वैसा ही लगता है। वन ऑफ़ द रीजन्स ह्वाय आय फ्लेड टु अमेरिका। *(विराम)*

पराग : बचपन में तुम कितने चुलबुले थे। अब इतने शान्त और कम बोलने वाले कैसे हो गये?

अभय : मुम्बई के घर में बात करने के लिए है कौन?

पराग : क्यों?

अभय : यू डोण्ट नो, हाउ थिंग्ज आर अॅट अर प्लेस?

पराग : अब अँग्रेजी बोला न तो दूँगा कान पर एक झापड़। हरामी कहीं का।

अभय : हमारे यहाँ तीन जनों का मुँह हमेशा तीन दिशा में। मेरा तो घर आने का मन ही नहीं करता था। सारा समय लाइब्रेरी में बिताता था। *(विराम)*

पराग : अभू! वहाँ कहीं दिल-विल तो नहीं दे बैठा?

(अभय सिर टेढ़ाकर हँसता है।)

तुम्हारी और चन्दू काका की हँसी बिल्कुल एक जैसी है।

अभय : किसी की भी समझ में नहीं आता। उनके बारे में दस लोग दस तरह की बातें करते हैं। *(विराम)*! वे देवता पुरुष हैं। उनकी आँखें देखी हैं? कैसी पानीदार दिखती हैं, हमेशा!.....
यदि पढ़ने दिया होता तो प्रभा बुआ अपने घर में पहली डॉक्टर हुई होतीं।

पराग : अपने बाप-दादे सारे के सारे वज्र देहाती।

अभय : प्रभा बुआ आँखें फाड़-फाड़कर आसमान देखती रहती हैं। लगता है कि उनमें और आसमान में कोई कॉण्टैक्ट है।

पराग : अभू! रोज तुम्हें रात-रात भर जागते देखता हूँ। दो-दो बजे, तीन-तीन बजे तक। कल तो मैं कहनेवाला था कि बत्ती बुझा दो। मुझे नींद नहीं आ रही थी।

अभय : अरे! सॉरी। आपने बताया क्यों नहीं?

पराग : अबे अपने बीच कट्टी थी न।

(दोनों हँसते हैं।)

अभय : कट्टी!

पराग : तुम्हें यहाँ ऊब नहीं होती? कहाँ अमेरिका और कहाँ यह धरणगाँव?

अभय : आय बैडली—सॉरी यहाँ की शान्ति अच्छी लगती है। अब कुछ निर्णय तो मुझे लेना ही पड़ेगा।

पराग : इसके लिए इतना सोच-विचार? अपना तो पहले काम बाद में यदि सम्भव हुआ तो सोच-विचार।

अभय : मुझे तो लग रहा था कि बिना आपसे बातचीत किये ही मैं वापस जाऊँगा।

पराग : *(व्यथित होकर)* अरे नहीं रे *(विराम)* किसी का गुस्सा किसी पर उतारता हूँ मैं।

अभय : *(एकदम याद करके)* बताइए।

पराग : क्या बताऊँ?

अभय : पहले की बात! आप और पिताजी में जो हुई थी।

पराग : आ गये बाबाजी मूल मुद्दे पर।

अभय : प्लीज!

पराग : लात-मुक्के मारो, छाती पर बैठकर मेरे बाल नोचो, तब बताऊँगा।

अभय : देखना नहीं बताया तो...

पराग : देखता हूँ।

अभय : देख लेना।

पराग : देखता हूँ न?

अभय : सच्ची कह रहा हूँ।

पराग : अबे देख लिया।

(अभय ऐसी मुद्रा बनाता है जैसे पूछता हो कि इसका अर्थ क्या है?)

अच्छा क्या हुआ कि पिछली बार जब काका-काकी आये थे न, उसी समय रंजी घर से भाग गयी थी। तभी की बात है। सुन रहे हो न?

(अभय ध्यान से सुनने लगता है।)

तो क्या हुआ—उस समय मैं बीच-बीच में पीता था। एकदम बिगड़ा हुआ। गया बीता। तो काका ने यह बात मान ली थी यदि

मैंने शराब पीना छोड़ दिया तो...जाने दो तुमको क्या करना है?

(पराग भोला-भाला चेहरा बनाकर पीठ टेककर बैठता है। अभय एक दो पल चुप। फिर एकदम उछलकर पराग को दबोच लेता है। पराग हँसते-हँसते एऽ एऽ करते हुए अपने को छुड़ाता है। दोनों हँसते-हँसते मारामारी करते हैं। जमीन पर गिर जाते हैं। उनका हँसना इतने जोर से बढ़ता है कि बीचवाले कमरे से उठकर भाभी बरामदे में आ जाती है।)

भाभी : क्या है रे तुम लोगों का इतनी रात गये? पराग? अभय?

(दोनों हँसी दबाते हुए पाँच साल के बच्चों की तरह चुप हो जाते हैं।)

बातचीत शुरू हो गयी क्या? आखिर जाओगे कहाँ, एक-दूसरे को छोड़कर। बात नहीं करते थे। अब आनन्द से एक-दूसरे के गले लगो। देखो तो भला!

(भाभी लौट पड़ती है। दोनों की दबी हँसी खिलखिलाकर फूट पड़ती है।)

पराग : बाप रे बाप!

अभय : आयम इन स्प्लिट्स।

पराग : माँ को आज अच्छी नींद आएगी। बार-बार कहती थीं उससे बात कर, उससे बात कर। *(विराम)* सच बताऊँ? तुमसे बोलने में मुझे डर लगता था। तुम इतने बड़ा डॉक्टर और मैं?

अभय : और दो लगाऊँ क्या?

पराग : नहीं! बड़ी ताकत है तुझमें। दनादन पीटते थे, नालायक।

अभय : *(जेब से एक सिगरेट निकालकर सीधी करता है।)* कुश्ती अधूरी रह गयी।

पराग : यह कोई नयी बात है?

अभय : एकाध बार ले लेता हूँ।

पराग : अच्छा! मुझे तो लगा कि बालक एकदम भोला है।

अभय : हमेशा नहीं। कभी नींद-वींद नहीं आयी तो। वहाँ तो सिगरेट पीने के लिए एकान्त ढूँढ़ना पड़ता है।

पराग : क्यों भई, इम्पोर्टेड है क्या?

अभय : एकदम यहीं की बनी। देसी। बस स्टैण्ड पर गया था न। तभी लिया। चाहिए क्या?

पराग : तुम ही पियो।

अभय : शेयर करते हैं।

(सिगरेट जलाकर कश खींचता है। पराग को देता है। बारी-बारी से पीते हैं और बातचीत चालू रहती है।)

पराग : अभय, एक बात पूछूँ क्या?

अभय : पूछिए।

पराग : गुस्सा नहीं करना।

अभय : पूछिए तो।

पराग : *(एक क्षण के बाद)* अमेरिका में कितनी लड़कियों को पटाया?

अभय : आप भी क्या बात करते हैं!

पराग : मुझे बनाते हो?

अभय : आजकल बहुत रिस्क रहता है। एड्स के बारे में सुना है न?

पराग : फिर ये सिन्थिया कौन है?

अभय : सिन्थिया? हाँ।

पराग : क्यों? पकड़ा कि नहीं?

अभय : अरे, वह एक मित्र है।

पराग : मतलब केवल वही?

अभय : हे भगवान! मुसीबत है।

पराग : अबे ऐसी और कितनी हैं?

अभय : आप से किसने कहा?

पराग : तुम्हारे माँ-बाप को कोई दूसरा विषय है क्या? चौबीस घण्टे वही तो चलता है।

अभय : गाड! गिव मी अ ब्रेक।

पराग : चिकनी तो होगी ही?

अभय : सुन्दर है। प्रिटी।

पराग : घुमाया कि नहीं?

अभय : दिस इज़ टिपिकल। एवरी कलर्ड मॅन्स ड्रीम—गोरी लड़की के साथ सोना।

पराग : तुम दोनों शादी करने वाले हो क्या?

अभय : डन्नो।

पराग : मतलब?

अभय : वह शादी के लिए तैयार है। मैं ही कुछ निर्णय नहीं कर पा रहा हूँ। *(विराम)* शादी इज़ अ कमिटमेण्ट। निश्चित रूप से कहाँ रहना है, इसका निश्चय किये बिना...

पराग : अरे तुम कितने कच्चे आदमी हो? तुमसे तो हम देहाती अच्छे *(विराम)* मतलब अनुभव ही नहीं है।

अभय : है भाई! लेकिन सिन्थिया से मुझे प्रेम है।

पराग : प्रेम-व्रेम कुछ नहीं! सभी एक जैसी ही होती हैं। ठोकना और भूल जाना। *(विराम)*

अभय : तुम्हारी, आय मीन आपकी फोटो देखी आज गाँव में।

पराग : *(हँसता है)* मस्त है कि नहीं?

अभय : फोटो अच्छी खींची है।

पराग : अबे फोटो नहीं। मेरा सिलेक्शन!

अभय : खुले बरामदे में लगाया है उसने।

पराग : किसी का डर है क्या? वह दिखी थी कि नहीं?

अभय : वहाँ सामने तो नहीं थी।

पराग : चलो अभी दिखाता हूँ।

अभय : अरे नहीं।

पराग : अरे देखने में क्या जाता है तुम्हारा?

अभय : बिल्कुल नहीं।

पराग : अपना तो देहाती माल है। तुम्हारी तरह इम्पोर्टेड नहीं।

अभय : पराग भैया! अभी आपकी शादी हो रही है। डज शी नो?

पराग : *(अभय के सुर में सुर मिलाते हुए)* हाँऽऽ।

अभय : भाभी?

पराग : *(नकल करते हुए)* डन्नो।

अभय : बी सीरियस। उन्हें मालूम पड़ा तो? और मालूम नहीं पड़ेगा क्या?

पराग : तो मालूम होने दो न!

अभय : उनसे मिलकर आपको ही सबकुछ बता देना चाहिए।

पराग : ओ प्रेसिडेण्ट रीगन! चप्पल खरीदते समय क्या हम उस चप्पल

को बताते हैं कि हमारे पास और कितनी चप्पलें हैं।

अभय : दैट इज़ मीन।

(बहुत देर तक खामोशी)

पराग : यहाँ कौन करना चाहता था शादी? मेरा तो घरबार छोड़कर मुक्त भाव से वन-वन भटकने का मन करता है। शादी की ज़ंजीर चाहिए ही क्यों पैर में? लेकिन अपना समाज। फिर थोड़ा माँ-बाप के लिए सोचना पड़ा। यहाँ देहात में कैसा है, मालूम है न? कोई व्यक्ति बिना शादी का रह गया तो अफवाहों का तूफान उठ जाता है। उसकी मर्दानगी पर शंका की जाती है। चन्दू काका जैसे देवता पुरुष का नाम लेकर भी साले हँसते हैं।

अभय : नो, नॉट चन्दू काका।

पराग : हाँ! इन हरामजादों को दूसरा काम ही नहीं है। यहाँ बैठ, वहाँ बैठ पंचायत के बरामदे में नहीं तो बस स्टैण्ड की बेंच पर। ये भड़वे इससे-उससे मुफ्त की चाय पिएँगे और किसी के नाम पर कीचड़ उछालेंगे। सारा गाँव सड़ गया है।

अभय : कितनी गड़बड़ हो गयी है। आते समय मेरे दिमाग में अपने बचपन का धरणगाँव था।

पराग : लाउडस्पीकर, शादी में, नामकरण में, मातम में, सभी मौकों पर।

अभय : सवेरे चार बजे से लाउडस्पीकर पर आरतियाँ।

पराग : इनकी आरतियाँ शुरू हुईं कि उनकी अजान। मुख्य उद्देश्य एक दूसरे पर सवार होना।

अभय : वहाँ के देहात कितने शान्त होते हैं। वहाँ यदि स्थायी हो गया तो आपके लिए टिकट भेजूँगा। आएँगे न?

पराग : अभय ! कहो तो तुम्हारे बाप को माफ कर दूँ?

अभय : *(एकदम याद करके)* ये बताओ न?

पराग : कितने जिद्दी आदमी हो तुम! कुछ नहीं। पहले काका ने कहा था कि पढ़ाने के लिए मुझे मुम्बई ले जाएँगे। लेकिन लेकर गये नहीं। इसीलिए मन में खुन्नस थी। यह मूर्खता है। मेरी भी समझ में आता है। पर क्या करें!

(अभय स्तब्ध)

स्थिति तो मैंने ही पहले बिगाड़ी। अभी सोचता हूँ कैसे बोलूँ?

(अभय स्तब्ध)

अच्छा बाबा, बोलूँगा। अब उठो! चलो।

अभय : ऐसा क्या है? मैं नहीं आता।

पराग : उसके पास नहीं रे बाबा! तालाब की ओर जाएँगे। देखो! कितनी मस्त चाँदनी छिटकी है? ऐसा लगता है ऊपर सफेद अनार फूटा हुआ है।

अभय : ढाई बजने को हैं।

पराग : यही तो समय है। इसी समय तो सृष्टि आपस में बात करती है। चलो! देखें इस चाँदनी में तालाब कैसा दिखता है?

अभय : अच्छा चलिए! माँ को बताकर आता हूँ।

पराग : अरे बच्चू! माँ-माँ छोड़ अपना। कुछ बड़े बनो!

अभय : वह चिन्ता करेगी न!

पराग : अरे मूर्ख! उनसे कहा तो वे औरतें इस समय हमें बाहर जाने देंगी क्या? चुपचाप खिसकेंगे। दरवाजा बाहर से बन्द करेंगे। ये लो शाल लपेट लो।

अभय : *(एकदम खेलने के मूड में)* कमॉन, लेटस!

(अभय का दिया हुआ पुलओवर तकिये के पास रखा है। उसे पहली बार पराग पहनता है और हँसता है।)

पराग : अपने गाँव की चाँदनी बहुत खास है अभय! इस चाँदनी को देखते-देखते मैंने कितनी रातें बितायी हैं। इनका साथ हमेशा रहता है मुझे।

(दोनों जाते हैं लेकिन पराग की बातें सुनाई पड़ती रहती हैं। रंगमंच पर धीरे-धीरे पूरा अन्धकार। प्रकाश प्रभा पर पड़ता है। अगल-बगल की दीवारें अदृश्य हो जाती हैं। प्रभा और ऊपर तारों से खचाखच भरा आसमान। यह दृश्य देखते-देखते पराग की बातें सुनाई दे रही हैं।)

पराग : एक बार इस चाँदनी से भरे आकाश पर नजर ठहर जाय तो आदमी सब कुछ भूल जाता है। ऐसा लगता है कि हमारे ऊपर प्रकाश से भरा तालाब उलट दिया गया है। इस तालाब की चाँदनी को कितना ही पियो, समाप्त नहीं होगी। यह सभी के लिए है। यह कभी न समाप्त होने वाला अक्षय स्रोत है। इस सारी

शोभा-सृष्टि का क्या उद्देश्य है? रोज नये ग्रह तारे, नयी ग्रह माला, नयी आकाश गंगा का निर्माण होता है फिर उनका विनाश होता है। इनका उद्देश्य क्या है? इन सबको कौन बनाता है? यह अनन्त आकाश, उसमें प्रचण्ड उथल-पुथल और अपनी छोटी-सी जिन्दगी। इनमें सम्बन्ध क्या है? क्या ये सारी घटनाएँ मात्र संयोग हैं? फिर अपना जन्म लेना, मरना भी क्या संयोग से घटने वाली घटना है? नहीं क्या? महत्त्वहीन, क्षुद्र निरुद्देश्य। तो फिर हम दुख-सुख का बोझ अपने कन्धों पर क्यों लादे फिरते हैं? यह नाशवान चुटकी भर जीवन! उससे हम प्यार क्यों करते हैं? गुस्सा क्यों करते हैं? यह सब मैं इस चाँदनी से पूछता हूँ। लेकिन उसकी भाषा मेरी समझ में नहीं आती। लगता है कि इन सबके साथ मेरा गहरा रिश्ता है। हाथ से इन्हें छूने का मन करता है। इनकी भाषा सीखने का मन करता है। इनके साथ बात करने का मन करता है। इन तारों पर अपने जैसे लोग होंगे न? वे भी अपनी पृथ्वी को देखते होंगे। मैं कभी-कभी सोचता हूँ कि जब मैं किसी तारे को देख रहा होता हूँ तो वहाँ से कोई मुझे देख रहा होता है। ऐसी कल्पना से मेरे रोंगटे खड़े हो जाते हैं। इसके पीछे कौन-सी शक्ति है? इस तरह की कोई शक्ति होती है क्या? फिर मुझे दिखाई क्यों नहीं देती? क्या इस शक्ति से मेरा तार टूट गया है? क्या उस शक्ति के पास हम कभी जा सकेंगे? टूटा हुआ तार क्या कभी जुड़ सकेगा? कभी-कभी लगता है कि सारा आकाश अपने से बात करने के लिए उत्सुक है। मुझे ही उसकी भाषा नहीं आती। पागल की स्थिति हो जाती है। पानी में पड़ी चाँदनी को मुट्ठी में पकड़ने की कोशिश करते हैं, लेकिन वह नष्ट हो जाती है और बचता है गीला हाथ! इस खेल में मन की चूक होती है लेकिन यह ऐसी चूक है जिसके अतिरिक्त कुछ सूझता ही नहीं।

(पराग का संवाद समाप्त होने पर कुछ समय शान्ति। प्रभा स्तब्ध। फिर वह हिलती है। धीरे-धीरे उठती है। उसकी साँस फूल गयी है। पराग का बोलना शुरू होने के साथ ही उसकी साँस फूल गयी है। उसकी चढ़ी साँस स्पष्ट

सुनाई देती है। प्रभा खिड़की के बाहर देखती है। फिर मुड़ती है। कमरे में घूमने लगती है। कमरे से बाहर निकलती है। बाल पूरी तरह सफेद। छाया की भाँति, नींद में चलने वालों की तरह प्रभा पूरे घर में घूमती है। बाद में बरामदा और आँगन पार करके, दरवाजे के पास जाती है। दरवाजे के पास से खड़खड़ की आवाज सुनाई पड़ती है। प्रभा पुनः उसी पद्धति से अपने कमरे में लौटती है। उसकी साँस बहुत फूल गयी है। पूरा घर जैसे भाँग पीकर सो गया है। प्रभा कमरे में आकर बिस्तर पर लेटती है। उसकी नजर आसमान के तारों पर है। उसकी साँसें फूलकर घरघराने लगी हैं। यह जानलेवा घरघराहट है। साँस बढ़ती है और अचानक रुकती है। धीरे-धीरे चाँदनी का प्रकाश कम होता है। अँधेरा होता है। प्रभा की खुली आँखों पर चाँदनी ठहरती है और फिर चाँदनी समाप्त होती है। पूरी तरह अँधेरा।)

(प्रथम दृश्य समाप्त।)

द्वितीय दृश्य

[सुबह नौ-साढ़े नौ बजे का समय। प्रभा की मृत्यु के बाद तीन सप्ताह गुजर चुके हैं। दरवाजे पर आम के पत्तों का तोरण। बैठक में सुधीर। बरामदे में सीढ़ियों पर अभय पढ़ता हुआ बैठा है। माँ बीच वाले कमरे में खाट पर। भीतर से नन्दिनी आती है। बैठक के कमरे से चाय का कप उठाती है।]

नन्दिनी : काका स्नान के लिए पानी रख दिया है।

सुधीर : *(अखबार रखते हुए)* जा रहा हूँ।

नन्दिनी : *(बरामदे के दरवाजे पर आकर)* देवर जी और चाय ले आऊँ?

अभय : नहीं, मैं स्नान करूँगा।

नन्दिनी : काका जी नहाने जा रहे हैं। *(भीतर की ओर मुड़कर बीच वाले कमरे में जाने लगती है।)*

माँ : नन्दिनी?

(नन्दिनी अपनी जगह पर ही सिर झुकाये हुए रुकती है।)

यहाँ आओ!

(नन्दिनी खाट के पास आकर खड़ी हो जाती है।)

बैठो!

(वह खाट का कोना टेककर खड़ी हो जाती है।)

अच्छा लगा घर?

(स्वीकार में हलके से गर्दन हिलाती है। नजर नीचे जमीन पर।)

गुस्सेवाला है। लेकिन उसके मन में बहुत प्यार है।

(नन्दिनी स्तब्ध। माँ उसके चेहरे और गले पर हाथ फेरती है।)

क्यों बहू! ऐसा क्या है? कुछ पहना क्यों नहीं है?

(वह स्तब्ध)

जाओ बहू! अपनी सास की मदद करो।

सुधीर : *(भीतर जाते जाते)* एऽऽ मेरी टावेल!

नन्दिनी : रख दी है।

(सुधीर अन्दर और नन्दिनी बैठक के कमरे में जाती है और बैठक के कमरे को ठीक करने लगती है। भीतर से भाभी आती है और बरामदे में बैठे अभय की ओर जाती है।)

भाभी : *(हल्की धीमी आवाज में)* कहाँ गया तेरा भाई?

(अभय कन्धे उचकाकर व्यक्त करता है मुझे क्या मालूम?)

तुम्हें मालूम नहीं?

अभय : अ हँ।

भाभी : कुछ बताया नहीं?

अभय : नहीं।

भाभी : *(विचारमग्न होते हुए)* क्या किया जाय? *(विराम)* रात को सोने के लिए आया था क्या?

अभय : काकी! वे सवेरे पाँच बजे आये थे। बाहर ही कुएँ पर स्नान करके चले गये।

भाभी : तुमने पूछा नहीं?

अभय : क्या पूछता?

नन्दिनी : *(दरवाजे पर आकर)* माँ जी, पूजा की तैयारी हो गयी है।

भाभी : *(व्यग्रता से)* अँ ? *(सावधानी से)* अरे रहने दो। तुम पहले कुछ खा लो।

(नन्दिनी भीतर जाती है।)

तुमसे कुछ कहा क्या?

अभय : नहीं! *(विराम)* काकी, अब मुझे मुम्बई वापस जाना चाहिए।

भाभी : जाओगे? अभी तो एक महीना भी नहीं हुआ।

अभय : मेरे पत्र वहाँ आकर पड़े होंगे।

भाभी : थोड़ा और रह लो। एक बार गया तो क्या तू जल्दी वापस आने वाला है? तेरा बड़ा भरोसा है। थोड़ा और रुक जा। *(विराम)* उसके साथ एक बार बात करके देखेगा क्या?

अभय : नहीं बाबा, नहीं।

भाभी : ये भी कहाँ जाकर बैठते हैं किसको पता। हमेशा बाहर-बाहर ही रहते हैं।

अभय : काकी, मैं खेत पर जाकर देखता हूँ कि पराग भैया वहाँ हैं क्या?

(अभय जाता है। भाभी असहाय-सी नीचे बैठती है। आँखों की कोर में अटके आँसू पोंछ लेती है। अंजली आती है।)

अंजली : अब यह अभय कहाँ गया? अभी तो यहीं था।

भाभी : अंजली अब मेरा धैर्य छूट रहा है।

अंजली : सब ठीक हो जाएगा।

भाभी : मुझे भरोसा नहीं है।

अंजली : हमें स्वभाव का पता है न। अभी किसी वजह से दिमाग खराब कर लिया है। शान्त होगा तो ठीक हो जाएगा।

भाभी : *(पलभर बाद स्वयं से)* पराये घर की बेटी!

अंजली : धीरज वाली है।

भाभी : क्या कुछ बोली?

अंजली : नहीं।

भाभी : बोलेगी भी क्या? *(विराम)* उसका यहाँ रहने का ढंग तो ऐसा है जैसे सारी जिन्दगी इसी घर में रही है।

अंजली : बिना माँ की बेटी और फिर तीनों बहनों में बड़ी। घर सँभालने वाली यही।

भाभी : पाँचवें दिन घर जाएगी तो जाकर क्या कहेगी?

अंजली : कह रही थी कि नहीं जाएगी।

भाभी : क्या?

अंजली : कह रही थी, पाँचवीं के लिए नहीं जाएगी क्योंकि घर में करने वाला कोई नहीं है।

भाभी : ऐसा बहाना! *(विराम)* होशियार है लड़की।

अंजली : यहाँ आकर हफ्ता भर होने को आया लेकिन एक पोस्टकार्ड तक मायके नहीं भेजा।

भाभी : अब वह घर से निकलने वाली नहीं है।

अंजली : उसके ज़ेवर लॉकर में रख दीजिए न! डिब्बा वैसे ही टेबल पर पड़ा रहता है।

भाभी : इच्छा तो होनी चाहिए।

अंजली : गले में खाली कालीमणी। मैंने कहा कुछ गहने पहनो। तुम घर की नयी लक्ष्मी हो । कहने लगी—नहीं, माँ नहीं पहनती हैं तो मैं कैसे पहनूँ?

भाभी : रंजू का वह प्रसंग घटित होने के बाद से मेरा मन सोने से एकदम हट गया। सोना आँख के सामने ले आने का मन नहीं होता। *(विराम)*

अंजली : *(एक क्षण बाद)* अभय बार-बार कह रहा है—जाता हूँ! जाता हूँ!

भाभी : उसका भी ठीक ही है। कामकाजी आदमी है। *(विराम)* सब बिखर गया। ननद को उठाया तो यह पराग चिल्लाया था। देखो! बुआ जा रही हैं। यह वजह तो नहीं है?

अंजली : *(एक क्षण बाद)* रंजू के घर से क्या सन्देश आया?

भाभी : यही कि शादी ठीक से नहीं हुई। मान-सम्मान अच्छी तरह नहीं

हुआ। हम सोचते हैं कि पाँचवीं में आना चाहिए लेकिन इसमें पाँच तोले और पहनाओ।

अंजली : *(आश्चर्यचकित)* फिऽर?

भाभी : एक बार पहना देंगे लेकिन बार-बार किसी-न-किसी बहाने से माँगने लगेंगे तो हम कहाँ तक पूरे पड़ेंगे?

नन्दिनी : *(दरवाजे तक आकर)* माँ जी! पण्डित जी आरती के लिए बुला रहे हैं।

भाभी : अभी आयी।

(नन्दिनी जाती है। उठते हुए)

अंजली : आने के दिन से यह घर मेरी अग्नि-परीक्षा ले रहा है। जितना मेरा भोग है, मैं भी भोगूँगी ही।

(भीतर जाती है। अंजली खम्भे के सहारे खड़ी है। सुधीर भीतर से आकर बैठक के कमरे में जाते-जाते)

सुधीर : यह फिर कहाँ चला गया?

(अंजली का ध्यान इस ओर नहीं है।)

(क्रोधित स्वर में) कुछ पूछा मैंने।

(अंजली ध्यान नहीं देती। सुधीर बरामदे के दरवाजे में आता है।)

मैं कुछ पूछ रहा हूँ। कहाँ गया अभय?

अंजली : *(एकदम चिढ़कर)* अब मुझे क्या पता?

सुधीर : अरे सहज भाव से पूछा तो इसमें इतना गुस्सा होने की क्या बात है?

अंजली : नहीं तो क्या? होगा कहीं इधर-उधर।

सुधीर : अपने साथ यहाँ आने के लिए कहकर हमने भूल की।

अंजली : तो उसको जाने के लिए कहो न।

सुधीर : सुनने वाला है क्या वह? कुछ बोला? और कितने दिन यहाँ रहने वाला है?

अंजली : कुछ भी नहीं बोला।

सुधीर : बहुत घुलमिल गया है। यहाँ भटको, वहाँ भटको, तालाब के पास जाओ, बरामदे की सीढ़ियों पर खाली बैठे रहो। कल मुझे

बस स्टैण्ड की बेंच पर बैठा मिला। *(विराम)*

अंजली : तुम पर मुझे आश्चर्य होता है। घर में प्रसंग क्या चल रहा रहा है? वातावरण कैसा है? उसका कोई विचार नहीं। और यह चार दिन ज्यादा रह गया तो उसकी इतनी किचकिच।

सुधीर : जो चल रहा है वह कुछ अनपेक्षित है क्या? मुझे तो पहले ही पता था कि भतीजे जी कुछ तो गड़बड़ करके ही रहेंगे।

(अंजली क्रुद्ध होकर बैठक के कमरे में जाती है। 'अरे' कहते हुए सुधीर उसके पीछे-पीछे)

अब तुमको क्या हुआ?

अंजली : प्लीज!

सुधीर : *(जानबूझकर चिढ़ाते हुए)* तो फिर अब सुहागरात कब होगी?

अंजली : *(नफरत भरे स्वर में)* मजाक सूझता है तुमको?

सुधीर : आगा-पीछा कुछ सोचा नहीं, एक लड़की की जिन्दगी बर्बाद कर दी।

अंजली : तुम्हारा बेटा ऐसा करे तो?

सुधीर : यह असम्भव है।

अंजली : इतना विश्वास न करो। पराग जैसा भी हो, पूरा घर कन्धे पर लेकर चल रहा है। तुम्हारा बेटा बैग उठाकर चल पड़ेगा। पूछेगा भी नहीं कि 'जाऊँ या नहीं?' अथवा तुम भी आते हो क्या? ऐसे में तुम्हारा क्या होगा?

सुधीर : *(कुछ क्षण बाद)* मैं उससे बात करता हूँ। चाहे जो हो।

अंजली : बोलेगा वह?

सुधीर : क्यों नहीं बोलेगा?

अंजली : कभी बोलाऽऽ? *(विराम)* आने के बाद से कितनी बार पूछा है? कुछ पता ही नहीं चलने देता है। ऊपर-ऊपर से जवाब देता है। वह पहले से ही ऐसा है।

सुधीर : स्वभाव है।

अंजली : याद है? बारहवीं के बाद हम सोचते थे कि यह इंजीनियरिंग में जाएगा। लेकिन यह खुद मेडिकल का फार्म भरकर आया और हमें कुछ नहीं बताया। डोनेशन भरने की बात आयी तो हमें पता चला। विदेश जाते समय भी वही बात हुई। अपने आप ही पत्र

आदि लिखकर, अर्जी देकर एडमीशन करवा लिया, पासपोर्ट-वीजा भी बनवा लिया। तब हमें बताया कि अमेरिका जा रहा हूँ। *(अपने दुख को दबाते हुए)* और हम मूर्खों की तरह क्लीनिक के लिए जगह ढूँढ़ते हुए भटकते रहे।

सुधीर : तुम्हारी सदा यही रट लगी रहती है। घर लौटने का उसका मन तो होना चाहिए।

अंजली : ऐसा! इसका मतलब सारा दोष मेरे माथे पर?

सुधीर : जो सच है मैंने वही कहा।

अंजली : और तुम?

सुधीर : मैंने क्या किया?

अंजली : गुस्सा करने के अलावा क्या किया? यह कर। वह मत कर। सात से पहले घर आ जाना। इतना परसेण्ट नम्बर मिलना ही चाहिए। और ऊपर से यह भी कि हम तुम्हारे लिए इतना करते हैं। ऐसा करते हैं। वैसा करते हैं। जन्मभर के लिए शर्मिन्दा करके रखा है उसको। उसका क्या। जैसा है, वैसा है। हम माँ-बाप ही नालायक साबित हुए।

(विराम)

सुधीर : हम जल्दी से ही यहाँ से निकलें। कल ही।

अंजली : वह चलेगा क्या?

सुधीर : देर हुई तो खारवाली जगह हाथ से निकल जाएगी।

अंजली : तुम व्यर्थ में भागदौड़ मत करो। इसको इण्टरेस्ट होगा तो वह खुद जगह ढूँढ़ेगा। *(विराम)* प्रैक्टिस न करने और रिसर्च करने का भूत सवार है उस पर।

सुधीर : कह दो, जा रिसर्च कर और उस अमेरिकन लड़की से शादी रचाकर घर बसा। और यह भी तब जब उसका पैर यहाँ से निकले। *(विराम)* मुझे तो उसका और पराग का मेलजोल समझ में नहीं आता। उसकी संगति में बिगड़ने से बच जाय तो बहुत है। *(विराम)* कहाँ जाते हैं रात-बिरात दोनों?

अंजली : *(अस्वस्थ होकर)* क्या कहता है?

सुधीर : क्या पता?

अंजली : इतने साल अमेरिका में रहा। क्या वहाँ का कुछ मोह नहीं होगा? और सब लोग यों ही नहीं उससे इतना प्यार करते।

सुधीर : *(बात पर ध्यान देते हुए)* ऐसा क्या?

अंजली : बहुत हो गया। यहाँ झगड़ा नहीं। घर चलकर शुरू करेंगे अपनी खटपट। पिछले पन्द्रह वर्षों में एक भी दिन बिना झगड़े के गया हो तो कसम है।

(दोनों चुप। वातावरण सन्तप्त। बाहर से अभय आता है और बरामदे में होकर बैठक में जाने लगता है। उन लोगों को देखकर पीछे मुड़ता है।)

सुधीर : अभय!

(अभय नाराजगी से मुड़ता है और बैठक के दरवाजे में आता है।)

कहाँ चला गया था?

(बिना कुछ बोले ही अभय वापस मुड़ता है।)

अभय ! *(सुधीर दरवाजे में आता है।)* मैं कुछ पूछ रहा हूँ।

(अभय चुप)

अरे! कुछ बोलेगा कि नहीं?

अभय : क्या बोलूँ अब? खेत पर गया था।

सुधीर : पूछ लिया तो इतना गुस्सा करने की क्या जरूरत है?

अभय : क्योंकि यह सवाल आपने पिछले पन्द्रह दिनों में पन्द्रह सौ बार पूछा है। इसलिए।

(सुधीर क्रोधित होता है।)

और आगे फिर मुझसे मत पूछना कि कहाँ गया था?

अंजली : बस करो।

अभय : जरा भी कहीं गया तो तुरन्त 'कहाँ गया था?' 'यह सब क्या चल रहा है?'

अंजली : बस करो अब।

अभय : और कुछ न भी हो तो भी इस खिटखिट से बचने के लिए भाग जाने का मन करता है।

अंजली : देखो अभय! तुमको जाना है तो जरूर जाओ। लेकिन उसके लिए हमें बदनाम करके जाने की जरूरत नहीं है।

सुधीर : जाओ! मजा करो।

अभय : पिताजी! अमेरिका में लोग मजा करने के लिए सेटल होते हैं यह बात आप दिमाग से निकाल दीजिए। मुझे मजा करना होगा तो मैं आपकी इजाजत की राह नहीं देखूँगा। इतने साल मैं वहाँ रहा तो क्या आप वहाँ पहरा देने के लिए थे? मुझे जो चाहिए था, कर सकता था। मैंने समय से पहले कोर्स समाप्त किया, हजारों डालर बचाकर भेजा, प्रेस्टिजियस...

अंजली : तुमने हमारे लिए क्या किया, इसका बयान बन्द करो, अभय! वैसा करना हमें भी आता है।

सुधीर : और तुम्हारे डालर में से एक पैसे का भी उपयोग हमने नहीं किया। वह सब तुम्हारे क्लीनिक के लिए...

अभय : मैंने आपके लिए भेजे थे।

सुधीर : हमारे बुढ़ापे के लिए या हमारा कर्जा उतारने के लिए?

अंजली : यह विषय यहीं समाप्त करो। अपना निर्णय लेने के लिए तुम स्वतन्त्र हो।

अभय : *(उसको बिठाते हुए)* माँ रुको! यह स्वतन्त्रता तुम खुशी से नहीं दे रही हो। इसके पीछे क्रोध, दुख, अपेक्षा-भंग...

सुधीर : हमने अपेक्षा की तो क्या गलती की?

अभय : लेकिन आप लोग वहाँ आकर मेरे पास रह सकते हैं न?

अंजली : बिल्कुल नहीं।

अभय : इसका मतलब मुझे ही अपनी जिद छोड़नी है। आप लोग नहीं छोड़ेंगे।

अंजली : तेरी अमेरिकन घर-गृहस्थी में मुझे नहीं जमेगा।

अभय : तो अलग रहो।

अंजली : फिर यहाँ क्या बुरा है?

अभय : और माँ! ठीक-ठीक सुन लो। सिन्थिया के बारे में मैंने कोई निर्णय नहीं लिया है। हम शादी कर भी सकते हैं, नहीं भी कर सकते हैं। और करूँगा तो आप सबके अप्रूबल की राह देखते नहीं बैठूँगा। सिन्थिया भली, समझदार और बुद्धिमान लड़की है, मैं उससे प्रेम करता हूँ। लेकिन क्या आप लोगों को ऐसा लगता है कि एक लड़की के कारण ही मैं वहाँ रहना चाहता हूँ? *(विराम)* मुझे जेनिटिक्स में रिसर्च करना है। और इसके लिए जो सुविधा वहाँ है, वैसी और कहीं नहीं। जेनिटिक इंजीनियरिंग

यह एक नवीन ज्ञान शाखा है। पिताजी, उस काम में मुझे आनन्द आता है। मैं लगातार सोलह-सोलह घण्टे काम करता हूँ। सेवेन डेज अ वीक। सिन्थिया और मैं। वी मेक अ वण्डरफुल टीम। एक साथ काम करते हैं हम।

सुधीर : यहाँ करो, जो कुछ करना है।

अभय : यहाँ कौन-सी सुविधा है? वहाँ हर दिन नया ज्ञान मिलता है, नये ब्रेकथ्रूज। आय कॉण्ट अफोर्ड टु बी अवे फ्रॉम द सीन।

सुधीर : इससे तुम्हें कुल कितना मिलेगा?

अभय : पेट पालने भर को मिलेगा।

सुधीर : हम तो तुम्हारे सुख के लिए तड़पते हैं।

अभय : लेकिन सुख का मतलब बहुत सारा पैसा है क्या? जलगाँव में कोलते की अमीरी आपको आश्चर्यचकित कर रही थी। आय फाउण्ड इट ऑब्सीन।

अंजली : *(थककर)* अरे बाबा, जो अच्छा लगे करो। लेकिन इस प्रकार अपनी जान को जलाओ नहीं।

अभय : नहीं। ऐसा नहीं। मैं क्या करता हूँ? क्यों करता हूँ? मुझे उसमें कितना सुख मिल रहा है? यह आपको समझ लेना चाहिए। खुशी-खुशी मेरे निर्णय को स्वीकार करना चाहिए। मेरे ऊपर आपको गर्व होना चाहिए।

सुधीर : यहाँ का अपना हिस्सा बेचकर मैं पैसा इकट्ठा करूँगा। तुम अपनी लैब मुम्बई में शुरू करो।

अभय : आर. यू किडिंग? पाँच-पचास हजार से लैब नहीं बनती। और यहाँ जो है उसे पराग भैया के लिए रहने दीजिए न। ह्वाट हॅव वी डन टु डिजर्व इट?

सुधीर : बड़ी ममता है पराग से?

अभय : *(बात की वक्रता को समझकर)* है तो। फिर *(विराम)* पिता जी! आपने जो जिन्दगी भर में नहीं किया, वह सब भला-बुरा मैंने पिछले दस सालों में कर लिया है। और उसे अब पीछे छोड़ भी दिया है। *(विराम)* अब सुनिए कि हम रात में कहाँ जाते हैं? आपको जहाँ शक है वहाँ नहीं जाते हैं। तालाब के किनारे जाते हैं। उस चाँदनी में। अब मैं जाऊँ?

(बाहर बरामदे में आकर बैठता है। कुछ क्षण बाद नन्दिनी

भीतर से टावेल लेकर आती है।)

नन्दिनी : *(उसको टावेल देकर)* पानी तैयार हो गया है।

अभय : लगता है उठने के बाद स्नान कराकर सबको पवित्र बनाना आपका मिशन है।

(नन्दिनी मुस्कराती है। अभय अन्दर जाता है। अंजली बाहर आती है।)

अंजली : कमरे में तुम्हारे लिए गजरा रखा है। उसे लगा लेना।

(अंजली अपने अर्थात् पराग के कमरे में जाती है। पराग बाहर से तूफान की तरह आता है।)

पराग : कहाँ गया डॉक्टर?

अंजली : स्नान करने गया है। *(भीतर जाती है।)*

पराग : *(चिल्ला के)* उसको बोलो अमेरिका से उसका खत आया है।

(एक पल के लिए शान्ति। दूसरे पल अभय केवल तौलिया लपेटे तीर की तरह बाहर आता है।)

पराग : कैसा दौड़कर आया अभय?

अभय : दीजिए।

पराग : स्नान करो। शुद्ध हो जाओ। फिर खत।

अभय : दीजिए न प्लीज!

पराग : अरे इतनी जल्दी क्या है? खाओ पियो। आराम करो।

(अभय खींचातानी करने लगता है।)

अरे! तौलिया सँभाल।

अभय : *(गुस्से से)* पराग भैया!

पराग : अब शायद माँ पुकारकर रोएगा।

(अभय गुस्से में भीतर जाने लगता है।)

ले, रोना नहीं।

(अभय झटके से मुड़कर खत लेता है। पढ़ने लगता है। इधर पराग की बड़बड़ शुरू।)

पराग : सिन्थिया यह कैसा नाम है। सिन्थिटिक जैसा लगता है। सिन्थेटिक है क्या रे लड़की? देखो भाई शादी का मामला है। अच्छी तरह

जाँच-परख कर लो। सारी जिन्दगी एक-दूसरे के साथ बितानी है। सोच-विचारकर कदम बढ़ाना। निमन्त्रण-पत्र अँग्रेजी में छपाऊँ कि मराठी में। अबे सौभाग्यकांक्षिणी अँग्रेजी में कैसे लिखा जाएगा?

(बोलते-बोलते कमीज के बटन खोलते हुए पराग अपने कमरे के दरवाजे पर आता है। नन्दिनी पलंग को टेककर शान्तिपूर्वक पराग का बड़बड़ाना सुनती रहती है। उसको देखकर पराग चौंकता है फिर दरवाजे पर से ही बटन को टेबल पर फेंककर लौट पड़ता है। नीचे पड़े बटन को नन्दिनी समेटकर ड्रावर में रखती है। पराग अभय की बेचैनी देखता है।)

पराग : क्या है रे?

अभय : मैं यहाँ क्या कर रहा हूँ?

पराग : खत में क्या है?

अभय : *(उसको पत्र देते हुए)* पढ़िए।

पराग : *(पत्र लेकर)* अँग्रेजी में। अच्छा। *(खत देखकर)* अबे इसमें आकृति कैसी बनी है? प्रेम-पत्र लिखते हो कि गणित के प्रश्न हल करते हो?

अभय : वे डायग्राम्स हैं। प्रेम-पत्र लिखने के लिए क्या अब हम टीनएजर्स हैं? हम दोनों एक ही प्रोजेक्ट पर काम कर रहे हैं। उसमें उसी का विवरण है। *(विराम)* पराग भैया, हम एक बहुत बड़े आदमी के मार्गदर्शन में काम कर रहे हैं। डॉ. बिटरमन। *(विराम)*

पराग : भाग जाओ।

(अभय स्तब्ध)

अभय उठो! अपना बैग तैयार करो। *(विराम)*

अभय : माताजी-पिताजी ऐसे बोलते तो मैं कल्पना कर सकता हूँ। असन्तुष्ट, जैसे उन्हें धोखा दिया गया हो। मुम्बई में असमय बूढ़े होते माता-पिता और मैं उनकी दृष्टि में वहाँ आराम की जिन्दगी बिताता हूँ। *(विराम)* दस वर्ष पहले पिताजी तुम्हें मुम्बई ले जाने वाले थे। उस समय मैंने ही उन्हें रोका था। तुम पिताजी को दोष

नहीं देना। *(विराम)*

पराग : *(हँसते हुए)* वाह गुरू!

अभय : आय वाज़ मीन। आप मुम्बई आये होते तो शायद सब कुछ बदल गया होता।

पराग : भूल जाओ! जो हुआ वह अच्छा ही हुआ। अरे मुम्बई में आकर मैं क्या करता? एक एक क्लास में उठक-बैठक करता, मारामारी करता। लड़कियों के साथ छेड़खानी करता और अन्त में यहीं आना पड़ता। अभय, मेरी गति-नियति यहीं पर है।

अभय : काका कह रहे थे कि शर्मा सस्पेण्ड हो गया।

पराग : हाँ।

अभय : क्या बात है?

पराग : शर्मा फूट गया और सब कुछ बोल दिया। इसलिए हथकड़ी।

अभय : कुछ करो।

पराग : अभी यदि पैर उठाया तो और गहरे गड्ढे में जाएगा। *(विराम)* रंजी का कार्ड फिर आया है। बहुत कष्ट दे रहे हैं। घर में किसी से कुछ कहना नहीं। मैं खुद देखूँगा दामाद को। *(विराम)* अभय! मेरा जो कुछ भी होना होगा हो जाएगा। तुम यहाँ से जाओ। तुम्हारे हाथ से कोई बड़ा काम हो जाएगा।

अभय : काम छोड़कर यहाँ पैसा कमाते बैठा रहूँ, यह कल्पना भी मुझसे सहन नहीं होती।

पराग : अरे आजकल कहीं से भी और कहीं भी कितनी जल्दी जा सकते हैं। और हर जगह वही चन्द्रमा और वही चाँदनी। *(विराम)*

अभय : कल मैं मुम्बई जाता हूँ। और वहीं पर शान्तिपूर्वक निर्णय लूँगा।

पराग : इसका मतलब अभी तक निर्णय हुआ ही नहीं। हाथ जोड़ता हूँ अब चलकर खाना खाओ कि उसका भी निर्णय लेना पड़ेगा?

(पराग भीतर जाता है। अभय वैसे ही विचारमग्न। अन्धकार।)

द्वितीय दृश्य समाप्त

तृतीय दृश्य

[उसी दिन की रात। पराग के कमरे पर प्रकाश। सारा घर सोया हुआ। नन्दिनी पलँग पर लेटकर पढ़ रही है। पराग कमरे में आता है और बटन ढूँढ़ने लगता है। बहुत समय तक उसे ढूँढ़ते देखकर नन्दिनी उठती है और ड्रावर में से बटन निकालकर टेबल पर रखती है।]

पराग : *(बटन लगाते हुए)* मेरी किसी चीज को हाथ लगाने की जरूरत नहीं है।

(नन्दिनी खामोश)

इस कमरे में आने का कारण ही क्या है?

नन्दिनी : माँ जी ने कहा। *(विराम)*

पराग : तो मैं ही अपना सामान दूसरी जगह ले जाता हूँ।

(नन्दिनी खामोश)

मेरे कपड़े उठाकर रखने और खाने के लिए इन्तजार करने जैसे नाटक की कोई जरूरत नहीं है।

(वह खामोश)

सुनाई दिया कि नहीं?

(वह खामोश)

और जिस दिन मायके जाने की इच्छा होगी उसी दिन पहुँचाने की व्यवस्था हो जाएगी।

(वह खामोश)

क्या?

नन्दिनी : *(शान्त स्वर में)* मैं मायके नहीं जाऊँगी।

पराग : अरे वाह! बड़ा अभिमान है। *(विराम)* इस घर के कुछ नियम हैं। इस घर में रहना है तो उनका पालन करना पड़ेगा। *(विराम)* क्या?

नन्दिनी : ठीक लगेंगे तो जरूर पालन करूँगी।

पराग : और अगर ठीक न लगे तो?

नन्दिनी : तो उनका पालन नहीं करूँगी।

पराग : और इसका निर्णय कौन करेगा?

नन्दिनी : मैं।

पराग : वाह! वाह! अभिमानी, विद्रोही।

(वह खामोश)

मैं कैसा हूँ? पता है न?

(वह खामोश)

क्या?

नन्दिनी : साधारण!

पराग : मैं साफ-साफ बताता हूँ। मैं अच्छा आदमी नहीं हूँ। बिगड़ा हुआ हूँ।

(वह खामोश)

क्या?

(वह खामोश)

क्या?

(वह खामोश)

सभ्य आदमी की मर्यादा में मैं नहीं आता।

(वह खामोश)

इसके सम्बन्ध में तुम्हें कुछ कहना नहीं है क्या?

नन्दिनी : नहीं।

पराग : मैं भ्रष्टाचारी हूँ। मेरी कमाई का ढंग ठीक नहीं है। मेरा काला धन्धा ऐसा है कि किसी भी क्षण हथकड़ियाँ पड़ सकती हैं।

(वह खामोश)

मुझे गुस्सा आ गया तो बहुत पिटाई करता हूँ। मेरा दिमाग बहुत गुस्सेवाला है।

(वह खामोश)

क्या?

नन्दिनी : *(उसी शान्त स्वर में)* मैं मार खाने वाली लड़की नहीं हूँ।

पराग : अरे बाप रे। अभिमानिनी, विद्रोही, तेजस्वी! *(विराम)* मैं तुम्हें कोई सुख नहीं दूँगा। मेरा और तुम्हारा कोई सम्बन्ध बनने वाला नहीं है।

(वह खाामोश)

कोई सुख नहीं मिलेगा। इसकी कोई चिन्ता नहीं होती?

नन्दिनी : नहीं मिलेगा, यह जान लेने पर मैंने स्वयं उसकी आशा छोड़ दी।

पराग : *(सोचते हुए)* हँ! *(विराम)* समय कैसे काटोगी?

नन्दिनी : मैं एम. ए. करने वाली हूँ।

पराग : किताबें?

नन्दिनी : आप लाकर दीजिए।

पराग : यह जमेगा नहीं।

नन्दिनी : ठीक है।

पराग : क्या ठीक है?

नन्दिनी : मैं एक-दो ट्यूशन कर लूँगी।

पराग : हाँ। *(विराम)* ठीक है। कल पुस्तकों की सूची तैयार करके रखो। हमारी बुआ पढ़ाई-पढ़ाई करती चली गयीं। *(विराम)* मैं रोज रात को कहाँ जाता हूँ पूछा नहीं?

(वह खामोश)

क्यों? कोई उत्सुकता नहीं।

नन्दिनी : नहीं।

पराग : क्यों नहीं?

नन्दिनी : यह आपकी व्यक्तिगत जिन्दगी का मामला है। मैं कैसे पूछूँ?

पराग : पत्नी होने के नाते। *(लम्बा विराम)*

नन्दिनी : पति होने के नाते आपको स्वयं बताना चाहिए था।

(पराग अनुभव करता है कि यह पानी अलग है। फिर मजे में उत्सुकता से उसे कुछ क्षण देखता है।)

पराग : तुम्हारे कानों तक कुछ पहुँचा नहीं?

(वह खामोश)

मेरे बारे में कुछ मालूम नहीं पड़ा?

(वह खामोश)

मैंने गाँव में एक रखैल रखी है। *(विराम)* धक्का नहीं लगा?

(वह खामोश)

तुमसे ज्यादा सुन्दर है।

नन्दिनी : *(शान्ति से)* मुझे पता है।

पराग : *(चौंककर)* किसने बताया?

नन्दिनी : किसी ने नहीं।

पराग : तो फिर?

नन्दिनी : मैंने फोटो देखा।

पराग : *(आश्चर्य से)* कौन-सी फोटो? कहाँ देखी?

(नन्दिनी उसकी ओर देखती है। फिर अपना बक्सा खोलकर एक बड़ा-सा लिफाफा निकालती है। उसमें से एक पत्र और फोटो निकालकर पराग को देती है।)

पराग : *(पत्र और फोटो को देखकर)* साली!

नन्दिनी : सचमुच सुन्दर है।

पराग : इसकी इतनी हिम्मत?

नन्दिनी : क्या भूल की उसने?

पराग : चार टके की औरत।

नन्दिनी : उसकी सुरक्षा का प्रश्न था। *(विराम)*

पराग : मायके में बताया नहीं?

नन्दिनी : नहीं।

पराग : किसी को दिखाया नहीं फोटो?

नन्दिनी : नहीं।

पराग : क्यों नहीं दिखाया?

(वह खामोश)

कब मिला यह फोटो?

नन्दिनी : हल्दी वाले दिन।

पराग : *(उसे एकटक देखते हुए)* तुमने फोटो क्यों नहीं दिखाया?

नन्दिनी : हाहाकार मच गया होता।

पराग : *(एकटक देखते हुए)* तुम्हें अपनी चिन्ता नहीं हुई?

नन्दिनी : हुई थी।

पराग : *(थोड़ा द्रवित होकर)* उसकी अपेक्षा दूसरों की चिन्ता ज्यादा हुई। *(विराम)*

नन्दिनी : घर में सारे रिश्तेदार जमा थे। सारी तैयारी हो चुकी थी। काफी खर्च हो चुका था। मेरे पिता गरीब हैं। बीमार भी रहते हैं। इस हादसे से बिस्तर पकड़ लिये होते। मेरे बाद शादी के लिए और दो बहनें हैं। उनका क्या होता? अपने समाज में लड़की की शादी टूट जाने पर उसके घर वालों की कितनी बदनामी होती है।

पराग : अजीब हो तुम!

नन्दिनी : और बदनामी सिर्फ हमारे घर की नहीं, तुम्हारे घर की भी होनी थी। लोग कहते लड़की ने नकार दिया। रंजू ननद को कितना कष्ट हुआ होता? इतनी बर्बादी मुझे स्वीकार नहीं थी।

पराग : हमारी इज्जत से तुम्हें क्या मतलब?

नन्दिनी : किसी पर भी ऐसी नौबत नहीं आनी चाहिए।

पराग : *(खिन्न होकर)* यह सब तुमने उस व्यक्ति के लिए किया जिसे कभी देखा तक नहीं। *(विराम)* तुम्हारी पुस्तकों की व्यवस्था होगी *(विराम)* या फिर अमरावती में रहकर पढ़ना चाहोगी?

नन्दिनी : मैं अब अपने पिता के घर नहीं रहूँगी।

पराग : मैं तुम्हारे लिए अलग व्यवस्था कर दूँगा। दो नौकर भी दूँगा।

नन्दिनी : नहीं। मैं यहीं पर, जितना सम्भव होगा प्राइवेट पढ़ाई करूँगी।

(पराग उसे शान्त भाव से देखता है। वह भी शान्तिपूर्वक उसकी नजर से नजर मिलाती है। पराग की नजर नीचे झुक जाती है। वह जल्दी से बाहर निकलता है। बरामदे में से आँगन में आता है। तभी भाभी बरामदे के दरवाजे की आड़ से आहट लेती है। पराग जोर से दरवाजा बन्द करके बाहर जाता है।)

(धीरे-धीरे अँधेरा)

चतुर्थ दृश्य

[दृश्य तीन और दृश्य चार के बीच एकाध घण्टा बीत गया है। पराग बाहर से आता है। जिन्दगी में पहली बार दरवाजा धड़ाम से न बन्द करते हुए धीरे से आता है। बरामदे में थोड़ा रुकता है। अपने कमरे के बाहर थोड़ा रुककर अन्दर प्रवेश करता है। नन्दिनी पढ़ते हुए बैठी है। वह एकदम से उठकर खड़ी होती है।]

पराग : सो जाओ, सो जाओ तुम। मैं नीचे चटाई पर लेटता हूँ।

(नन्दिनी चुप खड़ी है)

बहुत देर हो गयी है। तुम सो जाओ।

नन्दिनी : मैं वहाँ बीचवाले कमरे में सो जाती हूँ।

पराग : इतनी रात गये माँ को क्यों जगाती हो?

नन्दिनी : फिर आप ऊपर सो जाइए, मैं नीचे चटाई पर सोती हूँ।

(नन्दिनी आईने के पास खड़ी है। पराग चुपचाप पलँग पर लेट जाता है। पराग ने आने के बाद नन्दिनी से आँखें नहीं मिलायीं।)

पराग : यह तकिया लो तुम *(तकिया नीचे फेंक देता है)* सो जाओ। *(झटके से उसकी ओर पीठ करके सो जाता है। वह खड़ी ही रहती है। पलभर बाद बिना उसकी ओर मुड़े।)* तुमको पढ़ना बहुत अच्छा लगता है क्या? *(विराम)* तुम पढ़ो! तुम्हें जो किताब चाहिए, मैं लाकर दूँगा। *(विराम)* मेरी बुआ, उनको पढ़ने का बड़ा शौक था। वैसे ही चली गयीं। कभी मैं तुम्हें बताऊँगा। हमारा घर, हमारे रिश्तेदार—इन्हीं में तुम्हें अब रहना है। अच्छा सो जाओ।

(वह खामोश रहती है। उसकी चुप्पी असह्य होने पर)

मैं तालाब की ओर गया था।

(वह खामोश है)

फिर मुझे लगा कि तुम जागती बैठी रहोगी। *(विराम)* तालाब की ओर गया तो अभय वहाँ अकेला, अपने में एकदम खोया हुआ। वैसे के वैसे पीछे लौट आया। मुझे लगा कि किसी के एकान्त में विघ्न नहीं डालना चाहिए।

(वह खामोश रहती है। फिर पराग मुड़ता है। धीरे से उठकर बैठता है और उसकी ओर देखता है)

मैं सचमुच तालाब की ओर गया था।

नन्दिनी : मैंने आपसे कुछ पूछा क्या?

पराग : क्यों नहीं पूछा?

नन्दिनी : किस अधिकार से पूछती? *(विराम)*

पराग : एक बात कहूँ। विश्वास करो या न करो। प्रभा बुआ जब से गयीं, मैं वहाँ कभी गया ही नहीं। ठीक है, हाँ, नहीं, तुम खाली जवाब ही दे सकती हो? सवाल नहीं कर सकती?

नन्दिनी : क्या पूछूँ?

पराग : चलो एक प्रश्न तो पूछा। *(विराम)*
तुम्हारा मुझसे कुछ पूछने का मन क्यों नहीं करता? बचपन से मेरी इच्छा है कि कोई मुझसे प्रेम से, हठ से पूछे कि ऐसा क्यों है?

नन्दिनी : *(हँसती है)* वह जिम्मेदारी मुझे न सौंपें। क्योंकि वह मैं बहुत अच्छी तरह से और बड़ी निष्ठा से निभाऊँगी।

(पराग उसकी हँसी में डूब जाता है। किसी तरह उससे उबर पाता है। श्वास लेकर पराग भी हँसता है।)

पराग : तुम्हारी आँखें बहुत सुन्दर हैं।

(वह शान्त आँखों से उसकी ओर देखती है।)

मैं अपनी ओर से पूरी कोशिश करूँगा। मैं वचन देता हूँ। *(विराम)* लेकिन मैं ऐसा भोला-भाला देहाती आदमी। बिना पढ़ा-लिखा। मुझे...मुझे...अँ...

नन्दिनी : ठीक है।

पराग : *(अचानक)* तुम कोई ज़ेवर क्यों नहीं पहनती?

(वह खामोश रहती है)

वे सभी गहने तुम्हारे लिए बनवाये हैं। नये हैं सब।

नन्दिनी : मुझे गहने पहनने की आदत नहीं है।

पराग : औरतों को गहनों की आदत होती है क्या? *(विराम)* नन्दिनी अब गुस्सा छोड़ दो न। छोड़ो न! ऐसा क्यों?

नन्दिनी : अब आप ही मुझसे पूछ रहे हैं कि ऐसा क्यों?

(पराग हँसता है। मुड़कर एकटक उसे देखता है)

पराग : वे सभी गहने पहनो।

(वह चुप)

नन्दिनी?

(वह चुप)

मैं कह रहा हूँ इसलिए।

(वह चुप। पराग उठता है टेबल पर रखे डिब्बे को खोलकर उसके सामने ऐसे रखता है जैसे अर्घ्य दे रहा हो।)

पहनो।

(वह सिर्फ उसकी आँखों में देखती रहती है। लम्बे समय के लिए एक-दूसरे की आँखों में डूब जाते हैं। पराग हलके से उसकी आँखों को चूमता है। वह आँखें बन्द कर लेती है। पराग डिब्बा टेबल पर रखता है। उसके दोनों हाथ अपने हाथों में लेकर ध्यान से देखता है। फिर डिब्बे से अँगूठियाँ निकालकर उसकी उँगलियों में पहनाता है। उँगलियों को चूमता है। फिर हाथ में कंगन पहनाकर हाथों को चूमता है। माला निकालकर उसके गले में पहनाता है। धीरे से पीठ की ओर मोड़कर माला का हुक लगाता है और गर्दन को चूमता है। फिर सामने करके उसकी नाक में नथ पहनाता है और होठों पर लटकते मोतियों और रत्नों को चूमता है। करधनी निकालकर कमर में पहनाता है और अपने घुटने पर बिठाकर कमर को चूमता है। भीतर उठा तूफान तेज हो जाता है। पराग उस आवेग को सह नहीं पाता। विकल होकर उसके पेट पर माथा टेकता है।)

पराग : *(गम्भीर आवाज में)* मेरे बच्चों की माँ बनो तुम!

(पलभर बाद वह अपना दाहिना हाथ उसके माथे पर रखती है। फिर उसकी उँगलियाँ उसके बालों में फिरने लगती हैं। अत्यन्त अस्पष्टता से शंख और घण्टे की ध्वनि सुनाई पड़ती है। पराग तूफान की तरह उठता है और उसे लेकर बिस्तर पर जाता है। दोनों बिस्तर पर लेटते हैं। पराग उसके गले पर जोर से अपने होठों को दबाता है और अपने दाहिने हाथ से उसकी करधनी निकालकर जमीन पर फेंकता है। दृश्य चार समाप्त होता है। लेकिन अँधेरा होते-होते शंखनाद और घण्टानाद जोर से सुनाई देने लगता है। पूर्ण 'अन्धकार' परन्तु नाद से अनुगूँजित वातावरण में दृश्य पाँच का आरम्भ)

पंचम दृश्य

[घण्टानाद और शंखनाद के मन्द पड़ते-पड़ते आँगन प्रकाश से झिलमिलाने लगता है। वहाँ एक कोने में चन्दू स्नान करते खड़ा है। प्रकाश चन्दू को अगल-बगल के वातावरण से अलग करता है। बीच के कमरे में माँ अस्वस्थता से उठती है। धीरे-धीरे अन्दाजते हुए बाहर बरामदे में आती है। उसकी धुँधली नजर जैसे कोई अन्तिम चीज खोज रही हो।]

माँ : *(अस्पष्ट स्वर में)* चन्दू? *(खामोशी)* कौन? चन्दू?

चन्दू : हाँ, माँ। *(विराम)*

माँ : आ गया?

चन्दू : तुम्हें दिखाई पड़ रहा है?

माँ : अरे, अचानक सुगन्ध आयी। *(विराम)*

चन्दू : अभी तक जाग रही हो।

माँ : बुढ़ापे में नींद कहाँ? मुझे एक-एक चीज का अन्दाज होता रहता है। घण्टा-ध्वनि सुनाई पड़ती है। शंखनाद।

(चन्दू वहीं है। चन्दू और माँ के बीच की दूरी कम होने

वाली नहीं लेकिन वह शान्ति बोलती हुई और अर्थपूर्ण है।)

कितने बज गये?

चन्दू : माँ आधी रात बीत चुकी है।

माँ : अभी तक सोया क्यों नहीं रे?

चन्दू : मुझे नींद नहीं आती।

माँ : भूख लगी है?

चन्दू : नहीं। *(विराम)*

माँ : बता रही थी कि सवेरे बिना खाये ही थाली वापस भेज दी। *(विराम)*

चन्दू : मेरा यहाँ का अन्न-जल अब समाप्त हो गया है माँ।

(उसकी बातों का संकेत समझकर माँ थर-थर काँपती है।)

माँ : क्या कहा?

चन्दू : हाँ, माँ।

माँ : *(तीव्र स्वर में)* चन्दू?

चन्दू : माँ, तुम पहले नीचे बैठो।

माँ : क्यों?

चन्दू : माँ, बैठो तो।

माँ : *(नीचे बैठते हुए, दर्दभरी आवाज में)* क्या है रे तेरे मन में?

(विराम)

चन्दू : मुझे आज्ञा दो।

(खामोशी)

माँ : *(अस्पष्ट)* किस बात की आज्ञा?

चन्दू : यहाँ से जाने की।

माँ : कहाँ?

चन्दू : पहले हाँ कहो।

माँ : कहाँ जाएगा?

चन्दू : पता नहीं। मिल जाएगा रास्ता। नहीं तो पैरों के नीचे नया रास्ता बन जाएगा। *(विराम)*

माँ : मुझे यह पहले ही मालूम था।

चन्दू : तो आज्ञा है?

माँ : न दूँ तो?

चन्दू : तो खुद को तकलीफ दोगी। आज तक तुमने किसी चीज के लिए मना किया है? *(विराम)*

माँ : *(विचारमग्न)* आज्ञा देने वाली मैं कौन होती हूँ?

चन्दू : जन्म देने वाली।

माँ : बस उतना ही! एक निमित्त की पूर्ति। अरे जिस दिन नाल टूटी उसी दिन तू स्वतन्त्र हो गया। तुझे आज्ञा देनेवाली मैं कौन?

चन्दू : नहीं माँ! नाल टूटी नहीं। मेरी ओर से कभी अलग नहीं हुई।

माँ : *(हँसती है)* अलग हो गयी होती तो आज्ञा माँगने न आता।

चन्दू : जान तुममें अटकी हुई है और प्यासा मन बाहर भटकता है। माँ! मुझे एक तालाब निरन्तर बुलाता है। कुछ सूझता ही नहीं। उस आवाज से मन बहुत तड़पता है। *(विराम)* मुझे जाने दो माँ।

माँ : जा बाबा! बस मुझे इतना बता के जा कि कहाँ जा रहा है?

चन्दू : वह तालाब कहाँ है? कितनी दूर है? किसको पता? मुझे तो रात दिन उसकी पुकार सुनाई पड़ती है।

माँ : यह पागलपन अपने दिमाग से निकाल दे।

चन्दू : माँ! अब उस तालाब की लगन तुमसे अधिक है।

(खामोशी)

माँ : बहुत अन्याय हुआ है तेरे साथ। नाराज है क्या?

चन्दू : नाराजगी किस बात की?

माँ : तुम्हें तो गुस्सा भी नहीं आएगा।

चन्दू : मेरे यहाँ रहने का समय समाप्त हो गया। *(विराम)*

माँ : तो मुझे भी लेकर चल।

चन्दू : नहीं माँ।

माँ : नाराज हो गया? तेरा गुस्सा भी सही है। क्या दिया मैंने तुमको?

चन्दू : माँ! मेरे हाथों में रत्न-सी बहुमूल्य जिन्दगी दी तुमने।

माँ : तुझे जन्म दिया। जैसे बन पड़ा पाला-पोसा। तुम्हें सुख देनेवाली मैं कौन? इतना अहंकार मुझमें नहीं है। लेकिन तुमने कभी किसी चीज के लिए एतराज क्यों नहीं किया? *(विराम)*

चन्दू : माँ, अपने हाथ में हम प्रसाद लेते हैं तो उसे अच्छा या बुरा कहते हैं क्या? तुमने मुझे प्रसाद जैसी जिन्दगी दी। मैंने उसे खुशी-खुशी स्वीकार किया।

(माँ की आँखों से आँसू की धारा बहने लगती है।)

माँ! आज उस तालाब की आवाज बेहद हो गयी है। अब मुझे उसके पास जाना चाहिए। वह तालाब मेरी आँखों के सामने हमेशा दिखाई पड़ता है। सोते-जागते हमेशा मेरे मन में छाया जैसा बना रहता है। मुझे उससे प्यार है। जैसे पानी से पानी को होता है। आसमान जैसा शान्त, चाँदनी जैसा पवित्र, पानी से लबालब भरा हुआ तालाब। पशु-पंछी, सर्प, जानवर, कीड़े मकोड़े, भले-बुरे इन्सान सभी वहाँ आकर पानी पीकर जाते हैं। उस तालाब का कुछ अता-पता नहीं है। बस इतना मालूम है कि वह अपना है। वह तालाब अपने में डूबा हुआ आनन्दमग्न है। उसे अपने तालाब होने का भी ज्ञान नहीं है। कहाँ होगा वह तालाब माँ? उसका आकर्षण अब मुझे यहाँ रुकने नहीं देता।

(देर तक खामोशी)

माँ : अरे बाबा वह तालाब तुझमें ही है। *(विराम)* तू ही है वह तालाब।

(खामोशी)

जा! मेरा आशीर्वाद है।

(चन्दू जहाँ खड़ा है वहीं से प्रणाम करता है और चला जाता है। माँ मन्त्रमुग्ध-सी वहीं बैठी रहती है। प्रकाश बदलते-बदलते भोर हो जाती है। पंछियों का कलरव, दिशाओं में उजाला। माँ वैसे ही सम्भ्रमित बैठी। जैसे सोच रही हो कि जो घटित हुआ वह सच है या भ्रम? अभय आता है।)

अभय : दादीऽ *(ऊँची आवाज में)* दादीऽऽ।

(माँ अपनी धुन में)

भाभी : *(भीतर से आते हुए)* क्यों रे क्या है यह तुम्हारा रात-रात भर

बाहर रहना?

अभय : काकी! तालाब की ओर गया था।

भास्कर : *(भीतर से)* आ गया क्या?

भाभी : आ गया।

भास्कर : *(बाहर आते हुए)* अरे चिन्ता होती है। समय ही ऐसा है।

(पराग अपने कमरे का दरवाजा खोलकर बाहर आता है। सभी एक-दूसरे की ओर आश्चर्य और अर्थपूर्ण दृष्टि से देखते हैं।)

पराग : मुझे लगा कि ढूँढ़ने के लिए निकलना पड़ेगा।

माँ : *(एकदम तन्द्रावस्था से बाहर)* उसको खोजने मत जाओ।

(सब आश्चर्य से कुछ न समझते हुए माँ को देखते हैं।)

माँ : **(आकुलता से)** मेरे दो गये। वह वैसे, यह ऐसे। *(खामोशी)*

(खामोशी! माँ की व्याकुलता इतनी तीव्र हो जाती है कि कुछ समय के लिए सारा घर इस तरह सन्न हो जाता है कि जैसे बिजली गिर गयी हो। धीरे-धीरे माँ शान्त होती हैं।)

भाभी : *(धैर्यपूर्वक धीरे से)* माँ जी भीतर चलिए।

माँ : नहीं रे! अब मेरा भी घर छूट गया। पीछे छूट गया। अब मेरी जगह यही है। इस बरामदे में। आँखें तो गयीं, पर मेरी नजर यहीं से उसका पीछा करेगी।

(धीरे-धीरे अँधेरा। पंचम दृश्य समाप्त)

षष्ठ दृश्य

[दृश्य पाँच के बाद दो-एक दिन बीत चुके हैं। सुबह का समय। अभय और सुधीर बैग भर रहे हैं।]

भास्कर : अरे जल्दी करो भाई। यहीं इतनी देर करोगे तो जलगाँव कब पहुँचोगे?

भाभी : शुरू हो गयी तुम्हारी उतावली? सोच रहे हो कि कब लोगों को घर से बाहर निकालूँ?

सुधीर : मेरा टावेल कहाँ है?

भाभी : मुम्बई में अब कुछ दिन अपनी व्यवस्था खुद देखनी पड़ेगी। अंजली को दस-पन्द्रह दिन और नहीं भेजूँगी।

सुधीर : हमेशा के लिए रख लीजिए। *(ऊँची आवाज में)* मिला क्या? कैसे चीजें गायब हो जाती हैं? शेविंग बॉक्स भी नहीं दिख रहा है।

अंजली : *(भीतर ढूँढ़ते हुए बड़बड़ाती है)* खुद ही इधर-उधर रख देते हैं।

पराग : *(शान्तिपूर्वक)* मैंने उठाकर रखी हैं सभी चीजें।

(पराग द्वारा बातचीत करने का प्रयत्न। सुधीर अनुभव करता है पर ध्यान नहीं देता। बैग बन्द करके अभय को देता है।)

सुधीर : रखो गाड़ी में।

(पराग अभय से बैग ले लेता है।)

पराग : रुक जाइए काकाजी, मुझसे गलती हो गयी।

भास्कर : रुक जा रे सुधीर।

अभय : पिताजी ! रुक जाइए न!

सुधीर : पराग! चुपचाप बैग दे दो।

भाभी : क्या देवर जी, बच्चों की बात का इतना बुरा मानते हैं?

(सुधीर कुर्सी पर बैठ जाता है।)

सुधीर : हमारी भी कोई इज्जत है कि नहीं? क्या समझ लिया है आप लोगों ने?

(अंजली भीतर से टावेल और शेविंग बॉक्स लेकर आती है।)

पराग : गलती हो गयी काका जी।

अंजली : लीजिए!

पराग : किसी से गलती होती नहीं क्या?

सुधीर : भीतर ले जाकर रखो वह सब।

(अंजली के चेहरे पर प्रश्न का भाव)

मैं आज नहीं जा रहा हूँ।

(पराग हँसते हुए बरामदे में आता है।)

पराग : *(जोर से)* नन्दिनी! अभय का टिफिन ले आओ।

भाभी : अरे मैं तैयार करती हूँ न टिफिन। *(उठने लगती है)*

पराग : तुम बैठो! मैंने कह दिया है उससे।

(नन्दिनी खाने का डिब्बा, थर्मस, पानी की बोतल लेकर आती है।)

इतना सब माँ को थोड़े ही सूझता? उसको टिफिन कहो तो सिर्फ टिफिन।

(भाभी अंजली की ओर विशेष अभिप्राय से देखती है।)

भास्कर : अभय! जाते-जाते मुझे गाँव के बाहर हनुमान मन्दिर छोड़ देना। आज शनिवार है न!

भाभी : अभी तक शौक पूरा नहीं हुआ क्या? बेचारा रोज सुबह-शाम घुमाकर ले आता था।

भास्कर : अरे उसके साथ बैठकर गाँव में घूमने से बड़े अभिमान का अनुभव होता है।

अभय : चलिए काका जी, रास्ते में छोड़ देता हूँ।

(भास्कर तुरन्त चप्पल और टोपी पहनकर आता है।)

भाभी : क्या छोटे बच्चों की तरह...?

पराग : जाकर बैठ गये होंगे अब तक फ्रण्ट सीट पर।

सुधीर : मैं भी आता हूँ। आते समय घूमते हुए आएँगे।

अभय : आप चलें! मैं प्रणाम करके आता हूँ।

(सुधीर बाहर जाता है।)

अभय : *(नन्दिनी से)* भाभी! जाते-जाते अमरावती में आपके घर जाऊँगा।
कोई सन्देश?

(नन्दिनी चुप)

पराग : बोलो न। आने वाले सोमवार को हमलोग पाँचवीं के लिए आ रहे हैं।

भाभी : *(बिना रुके)* हाय! लगता है विचार बदल गया।

पराग : *(विराम लेकर)* बदल गया। *(असहज होकर अभय से)* अरे चलो!

अभय : कितनी जल्दी है घर से बाहर निकालने की। अभी हमारी अड़चन बढ़ने वाली है।

पराग : चुप रहो! प्रणाम वगैरह करो और जल्दी से निकलो यहाँ से। अमरावती में सूबेदार सिंह का ड्राइवर आएगा। उसे अपने साथ ले लेना। अपना खटारा अकेले मत चलाना। मुम्बई में पहुँचकर अमेरिका का टिकट निकाल लेना।

(अभय उसके हर सुझाव पर सिर हिलाता है जैसे कह रहा हो—ठीक है—समझा।)

पराग : तुम क्या सिर हिलाते जा रहो हो?

अभय : आप भी चलें न हमारे साथ।

पराग : नहीं रे बाबा! अब तो इज़ाजत लेनी पड़ेगी।

(नन्दिनी भीतर जाती है।)

खत लिखना।

अभय : तय हो जाने के बाद लिखूँगा।

पराग : *(कोहनी से हाथ जोड़कर)* धन्य हो, धन्य हो महाप्रभु!

अभय : *(हँसकर)* नीड सम टाइम बडी।

(तड़ाक से उसके हाथ पर हाथ मारकर 'सी या' अमेरिकन स्टाइल में बोलता है। दोनों बाहर आते हैं।)

काकी प्रणाम करता हूँ।

भाभी : अरे पहले भगवान को।

अभय : भगवान को छोड़ो, मेरे लिए इन्सान ही बहुत हैं।

अभय : दादीऽऽ जा रहा हूँ।

(दादी को प्रणाम करता है। आशीर्वाद में दादी का हाथ ऊपर उठता है।)

पराग : अबे मुझे प्रणाम कर! बड़ा हूँ न?

अभय : देखते रहिए।

भाभी : जरा रुक रे। दही देती हूँ हाथ पर।

(वह उठने लगती है। इतने में नन्दिनी दही लेकर बाहर आती है।)

(वापस बैठते हुए) अब मुझे कुछ देखने की जरूरत ही नहीं रही।

अभय : जाता हूँ। *(पराग से)* आप बाहर न आएँ।

पराग : क्यों?

अभय : ऐसे ही।

पराग : *(समझकर)* ठीक है।

(अभय जाने लगता है।)

अंजली : अभयऽऽ।

(अभय अपनी जगह पर ही खड़ा रहता है।)

पराग : काकी उसे जाने दो। जाते समय मत टोको।

(अभय जाता है। कुछ क्षण बाद कार के स्टार्ट होने की आवाज। पराग दौड़कर आँगन से बाहर आता है।)

भाभी : गया। जानेवाला जाएगा ही। इच्छा हो चाहे न हो। हमें उसकी पीठ देखते बैठे रहना है।

अंजली : क्या निश्चित किया, कौन जाने?

भाभी : चिन्ता मत करो। बच्चों को पराया बनने के लिए एक रात ही काफी है।

अंजली : मुझे प्रणाम करने की जरूरत भी उसने नहीं समझी।

(पराग आता है।)

पराग : नन्दिनी।

भाभी : अब तू कहाँ चला? सारा घर पहले से ही सूना-सूना लग रहा है।

पराग : सूने घर के लिए अब तैयार हो जाओ माँ।

अंजली : एक साल में अब घर भर जाएगा। सूना किसलिए।

(नन्दिनी भीतर से आती है।)

पराग : एक छोटी-सी बैग भरकर तैयार कर दे। दो-चार कपड़े। शाल वगैरह।

भाभी : अरे यह क्या बात है?

पराग : काकी अभय की भी शादी कर डालो।

भाभी : रंजू के यहाँ जा रहा है क्या? हो आओ। अपना हाथ तो पत्थर के नीचे दबा है न!

(बाहर जीप आकर रुकने की आवाज।)

अरे वापस लौटकर आ गया क्या?

पराग : यह जीप की आवाज है। मेरे लिए आयी है जीप।

भाभी : अब मित्रों के साथ कहीं जाओ-वाओ नहीं। *(विराम)*

पराग : माँ! शर्मा फूट गया। चाँदा के डी.एफ.ओ. से लेकर रेंजर तक सब पकड़े गये। सब के हाथों में हथकड़ी है।

(नन्दिनी बैग लेकर आती है। उसे लेकर)

जो होगा सो होगा। सालुंके मुम्बई गया है। देखेंगे, मन्त्री को मिलकर कुछ होता है क्या? *(विराम)* दो दिन से पुलिस को रोककर रखा है। ओब्लीगेशन में हैं इसलिए रुके रहे। अभय के रहते आते तो वह जाता ही नहीं। *(विराम)*

भाभी : आगे क्या होगा?

पराग : आगे का आगे है। वारण्ट नॉनबेलेवल है। *(नन्दिनी से)* तुम अच्छी तरह से सँभालना सब।

(नन्दिनी जाकर बीच के कमरे में खड़ी होती है।)

(पराग सिर ऊँचा किये बाहर आता है। माँ बरामदे में दीवार टेककर बैठी है। भाभी बरामदे में खम्भे के पास खड़ी है। अंजली सीढ़ियों पर खड़ी है। अपने बच्चों से

वियुक्त तीन स्त्रियाँ। इनके ऊपर प्रकाश रुककर पीछे जाता है और बीचवाले कमरे में खड़ी नन्दिनी पर पड़ता है। दोनों हाथ पेट पर रखकर वह अचल खड़ी है। प्रकाश क्षीण होते-होते पूर्ण अन्धकार।)

(दृश्य छः, अंक दो भाग दो समाप्त)

युगान्त

प्रथम दृश्य

[वही वाड़ा। बाड़े का पिछला हिस्सा ध्वस्त। समय : कल या भविष्य काल में कभी भी—वैशाख महीने की कड़ी धूपवाली बारह बजे की दोपहरी। नन्दिनी—अब तीस वर्ष की—बरामदे में खम्भे से टेककर बैठी हुई। आभूषणहीन। पुरानी सूती साड़ी, शरीर थका हुआ, क्षीण। पर चेहरा एकदम शान्त, तेजस्वी, और सन्तुष्ट। धूप की लू से थकी नन्दिनी हाथ में लिये ताड़ के पंखे से बीच-बीच में हवा करती है। बाहर की धूप पर नजर डालती है। धूप गर्म हवा बाहर से बीच-बीच में धूल का झोंका अन्दर ले आ रही है। थकान के कारण उसकी आँखें झँप रही हैं। वह आँखें खुली रखने का प्रयास करती है। लेकिन अनजाने में ही उसकी आँखें धीरे-धीरे बन्द होने लगती हैं।

पूरी शान्ति। उसी बीच तेज बहती हवा घूँऽऽ करती दौड़ रही है। उसी हवा के साथ तेजी से धूल अन्दर आ रही है।

शान्ति। उस शान्ति में रेत का आभास देने वाली बाँसुरी की धुन। कुछ क्षण वह धुन टिकती है जैसे रेत ने साँस छोड़ी हो। यही धुन के समाप्त होते-होते सुनाई देगी। उसके अतिरिक्त कहीं नहीं। धूल समाप्त होने के कुछ क्षण बाद अभय आता है धूल से सना हुआ, लू से तपा हुआ, हाँफता हुआ, होठों पर जीभ फेरता हुआ। माथे और गर्दन का पसीना पोंछते हुए अभय नन्दिनी के सामने खड़ा होता है। नन्दिनी को अभय के आने का भान नहीं होता। अभय बहुत देर तक उसे देखता रहता है। फिर कुछ समय बाद।]

अभय : *(धीरे से)* भाभी!

(कुछ क्षण के लिए खामोशी। फिर बहुत प्रयत्न से नन्दिनी मूर्छा से अपने आपको सचेत करती है। निर्विकार आँखों

से अभय को देखती है। धीरे-धीरे उसकी आँखों में पहचान उभरती है। पूरी तरह पहचान लेने पर उसका चेहरा मन्द हँसी से खिल उठता है।)

नन्दिनी : देवर जी।

(खामोशी)

अभय : पहचान गयीं?

(नन्दिनी हँसती है। अभय थका हुआ बैठ जाता है। बहुत बातें करनी हैं परन्तु यही पता नहीं चलता कि क्या और कैसे? दोनों एक-दूसरे को देखते रहते हैं। अभय का गला सूख गया है। वह कुछ समय प्रतीक्षा करता है। फिर बेचैन हो जाता है।)

भाभी!

नन्दिनी : *(स्थिति समझकर)* पानी लाती हूँ!

(नन्दिनी उठकर अन्दर जाती है। अन्दर जाते उसे देखते हुए अभय की दृष्टि प्रवेशद्वार की गणेशपट्टी पर पड़ती है। वह हाथ जोड़ता है। फिर पास रखी वाटर बैग को खोलकर तीन बार होठों से लगाता है। उसमें से एक बूँद भी पानी नहीं गिरता। वाटर बैग बगल में रखकर अभय बाहर निकलता है। धूल का झोंका अन्दर आता है। थककर आँखें बन्द किये अभय खम्भे से सिर टिकाता है। नन्दिनी अन्दर से लोटा और प्याली लेकर आती है।)

नन्दिनी : देवर जी!

अभय : *(आँख खोलते हुए)* बेटा कहाँ है?

नन्दिनी : अन्दर।

(अभय पानी पीता है। बचा हुआ पानी आँख और चेहरे पर डालता है।)

अभय : बड़ा हो गया होगा!

नन्दिनी : *(सिर हिलाती है।)*

अभय : *(विराम)* किस पर गया है?

नन्दिनी : आप देखकर बताइए।

अभय : कैसी गर्मी है! यह तो वर्षा के दिन हैं न?

नन्दिनी : पिछले आठ वर्षों से वर्षा नहीं हुई है।

अभय : लड़का अन्दर क्या कर रहा है?

नन्दिनी : सो रहा है। उसे बुखार है।

अभय : ऐसी गर्मी में बुखार नहीं आएगा तो क्या होगा?

नन्दिनी : जन्म लेने से अब तक इस बच्चे ने वर्षा देखी ही नहीं।

अभय : क्या कह रही हैं?

नन्दिनी : आते समय कुछ दिखा नहीं क्या? *(विराम)*

अभय : रेत। मरुस्थल।

(खामोशी)

नन्दिनी : कैसे आये?

अभय : बस से। उसने भी पाँच मील पहले ही छोड़ दिया। गाड़ी में अकेला मैं और ड्राइवर। तीसरा कण्डक्टर भी नहीं था। ड्राइवर ने हाथ के इशारे से जिस ओर दिखाया उसी दिशा में चल पड़ा।

(खामोशी)

नन्दिनी : यहाँ तक आने के लिए कोई तैयार ही नहीं है।

(देर तक खामोशी)

क्यों आये देवर जी?

अभय : आने का मन हुआ। आजी की मृत्यु का समाचार पाने पर घर की बहुत याद आयी। *(विराम)*

नन्दिनी : आज-कल में ये आ जाएँगे।

अभय : गये कहाँ हैं?

नन्दिनी : काशी!

(अभय प्रश्नसूचक दृष्टि से देखता है।)

आजी की अस्थि लेकर।

अभय : इतनी दूर?

नन्दिनी : मीलों तक कोई नदी नहीं, तालाब नहीं, अँजुरी भर पानी लेने के लिए। अस्थि-प्रवाह कहाँ किया जाय? इसलिए बोले सीधे गंगा जी जाता हूँ। कहीं वह भी न सूख गयी हों?

अभय : *(अस्पष्ट)* होप सो!

नन्दिनी : *(मुस्कराते हुए)* आप आठ वर्ष पहले यहाँ से गये तो वर्षा भी लेते गये। अब आये हैं तो फिर से ले आइए।

अभय : चन्दू काका भी उसी समय गये थे।

(खामोशी)

कुछ बताया नहीं कि यहाँ ऐसी परिस्थिति है?

(नन्दिनी चुप)

क्यों नहीं बताया?

(नन्दिनी चुप)

पता मालूम नहीं था। यही न?

(नन्दिनी मुस्कराती है)

अभय : पिछले दो-तीन वर्षों में हमने बहुत बार पते बदले। आप लोगों को अपना पता भेजने के बाद हम जगह और शहर दोनों बदल लेते थे। फिर किसी तरह पत्र-व्यवहार बन्द हो गया। *(विराम)* फिर भी पुराने पते पर पत्र मिल गया होता।

नन्दिनी : *(हँसते हुए)* और? वहाँ स्वीडन से बरसात भेजी होती! *(विराम)*

अभय : किसी तरह भरी धूप में पाँव घसीटते आया। पेड़ नहीं, पत्ते नहीं, केवल पाँव जलाने वाली गरम पीली धूल। ऊपर खुली भट्ठी की तरह जलता आकाश। जहाँ तक आँख जाती, दरारों से फटी जमीन। *(विराम)* मुझे पता ही नहीं चलता था कि मैं ठीक रास्ते पर हूँ कि नहीं? पैर के नीचे रास्ता तक नहीं दिख रहा था। *(विराम)*

नन्दिनी : कितने वर्षों से एक बूँद पानी नहीं बरसा।

अभय : इस आग की लपट में एक पंछी तक कहीं नहीं दिखा। मुझे लगा कि इस धरती और आकाश के बीच मैं ही अकेला हूँ। *(क्ष ाभर रुकता है)* जाने दीजिए।

(नन्दिनी शान्तिपूर्वक उसकी ओर देखती रहती है।)

बोलेंगी नहीं?

नन्दिनी : *(धीरे से)* मुझे सब कुछ मालूम है।

अभय : डर नहीं लगता? *(विराम)* आते समय एक जानवर दिखा। गाय थी या बैल या और कुछ। समझ में ही नहीं आया। फिर थोड़ी

दूर पर दूसरा फिर दो-दो, तीन-तीन जानवर एक ही जगह पर। लू में तप रहे इन जानवरों से विचित्र आवाज आ रही थी। और अपनी जगह पर काँप रहे थे।

नन्दिनी : एक-दो कुतियों के अलावा एक भी जानवर गाँव में बचा नहीं है। पक्षी भी नहीं बचे। मारकर खा लिया लोगों ने।

अभय : पक्षी हैं। कुछ दूर चला तो मेरी आँखों के आगे छाया दिखाई पड़ी। देखा तो बहुत-सी चीलें ऊपर चक्कर काट रही थीं। कुछ दूर आगे आया तो जमीन पर रक्त के धब्बे दिखाई पड़े। बगल में एक शव को कुतिया खा रही थी। *(विराम)*

नन्दिनी : व्यर्थ में इतनी दूर आये।

अभय : कैसे रहते हैं यहाँ पर?

नन्दिनी : जैसे और लोग रहते हैं, वैसे ही।

अभय : भरी दोपहरी के समय गाँव में कितना सन्नाटा है? इस गाँव में आपके अलावा भी कोई रहता है कि नहीं?

नन्दिनी : बहुत सारे चले गये। थोड़े रह गये हैं। बूढ़े, अन्धे, पंगुले सभी अपने घरों में दरवाजा बन्द करके पड़े रहते हैं।

अभय : गाँव के बाहर एक झोंपड़ी में मुझे एक औरत दिखाई पड़ी। *(विराम)* तालाब भी सूख गया है। लगता ही नहीं कि वहाँ कभी तालाब था। इतने बड़े दरार फटे हैं कि घुटने तक पैर नीचे चला जाय।

नन्दिनी : *(हँसकर)* लेकिन उस पर चाँदनी आज भी पड़ती है।

अभय : यहाँ सबकुछ कितना बदल गया? काका चले गये, अब आजी चली गयी। आधा घर ही खाली हो गया। काकी कहाँ हैं?

नन्दिनी : वे बहुत दिनों से रंजू के यहाँ हैं।

अभय : वहाँ मुम्बई में क्या स्थिति है? भगवान ही जाने।

(नन्दिनी प्रश्नार्थक दृष्टि से देखती है। उसकी निगाह बचाकर)

मैं घर गया ही नहीं। हवाई अड्डे पर उतरा, स्टेशन आया, जो पहली गाड़ी मिली उसे पकड़ लिया। *(विराम)* मुझे लगा कि माताजी और पिताजी यहीं आये होंगे।

नन्दिनी : उन्हें सीधे काशी आने के लिए कहा गया। श्राद्ध यहाँ कैसे की

जाती? गाँव में तो तर्पण करने भर का भी पानी नहीं है।

अभय : और गाँव के लोग गये कहाँ?

नन्दिनी : गये इधर-उधर। जहाँ पानी था वहाँ गये। जो बचे हैं उनकी विपत्ति का अन्त नहीं है। दरवाजा बन्द किये निश्चेष्ट होकर पड़े रहते हैं। पानी का टैंकर आया तो छटपटाकर उठते हैं। सारी शक्ति बटोरकर बड़े से बड़ा बर्तन लेकर दौड़ पड़ते हैं। यही एक काम है उनको।

अभय : इतनी व्यवस्था सरकार ने की है, इसलिए।

नन्दिनी : टैंकर रोज आता है, ऐसा नहीं। और आया तो पूरा भरा होगा ऐसा भी नहीं। भरा होगा तो भी जिनके पास अधिक पैसे हैं वही ज्यादा और पहले पानी लेंगे।

अभय : *(आश्चर्य से)* पानी बिकता है?

नन्दिनी : नियम के अनुसार नहीं!

अभय : और कोई दूसरा संगठन नहीं है मदद करने के लिए?

नन्दिनी : साल-दर-साल वही कौन करेगा? एक-दो साल तक उन्होंने भी पानी की पूर्ति की फिर कहने लगे आप लोग ही गाँव छोड़ दें। गाँव छोड़कर जाएँ कहाँ? यह भी सुनाई पड़ता है कि सभी जगह लगभग यही स्थिति है। *(विराम)* धीरे-धीरे वे लोग भी अदृश्य हो गये। पिछले चार वर्षों में बाहर से गाँव में आने वाले आप पहले आदमी हैं।

अभय : बाहर की दुनिया से सम्बन्ध कैसे रख पाते हैं?

नन्दिनी : बाहर दुनिया है, उसमें लोग रहते हैं। यह भी हम भूल गये हैं। आपने देखा न! सभी रास्ते धूल के नीचे गुम हो गये हैं।

अभय : पहले ही गाँव छोड़कर चला जाना चाहिए था।

नन्दिनी : और वहाँ भी ऐसी ही गर्मी होती तो? *(विराम)* अब तो इस सूखे की भी आदत होने लगी है।

अभय : *(गहरी साँस छोड़कर)* और गाँव की जमीन एक बार छूट गयी तो दूसरी जगह बसते भी नहीं बनता है। *(विराम)* खेती?

नन्दिनी : वहाँ कुछ नहीं है। बबूल का पेड़ भी नहीं। कुआँ कभी का सूखा पड़ा है। उसकी जगत तक मिट्टी भर गयी है।

अभय : बाड़ा चारों ओर से इतना टूटा-फूटा क्यों है? चारदीवारी में जगह-जगह पर इतने मुकाने कैसे बन गये हैं? आते समय मैंने

देखा।

नन्दिनी : लोग ईंटें निकालकर ले जाते हैं। पहले रात को चोरी से ले जाते थे, अब दिन-दहाड़े हमारे सामने ले जाते हैं। हम भी कुछ बोलते नहीं। सभी जान-पहचान वाले हैं।

अभय : लेकिन बंसीलाल की हवेली को लगता है नया रंग दिया गया है?

नन्दिनी : उनकी बात अलग है।

अभय : अपना ट्रक ?

नन्दिनी : बिक गया।

अभय : और यह प्रवेशद्वार पहली बार इस तरह खुला देखा।

नन्दिनी : वह दरवाजा अब किसलिए बन्द करना देवर जी? आनेवाले मात्र यही एक पुरुष हैं। चारदीवारी खण्डहर हो गयी है। वहाँ से भी लोग आते हैं। *(विराम)* एक दिन ये उठे और दरवाजे को हमेशा के लिए खोल दिया।

अभय : वर्षा नहीं, पानी नहीं, खेती नहीं, ट्रक नहीं, तो गृहस्थी कैसे चलती है? *(विराम)* भाभी?

(खामोशी)

मैं कुछ पूछ रहा हूँ।

(खामोशी, हवा का एक झोंका धूल का बवण्डर भीतर ले आता है।)

अच्छा है! हवा भी डकैतों की तरह आती है और सीधे पिछले आँगन के तुलसी चौरे पर रुकती है।

नन्दिनी : चलिए खाना खा लीजिए।

अभय : नहीं, पहले बताइए।

नन्दिनी : क्या बताऊँ देवर जी?

अभय : कैसे चलाते हैं?

नन्दिनी : किसी तरह सब चल जाता है।

(विराम, अभय तीक्ष्णता से उसकी ओर देखता है।)

अभय : शरीर के जेवर बेचकर?

नन्दिनी : वह तो पहले ही बिक गये। *(हँसकर)* और इतनी गर्मी में शरीर में चुभते नहीं क्या?

अभय : ठीक है आप हँसिए। थोड़ा और पानी दीजिए। प्यास मिट ही नहीं रही है। उसके बाद मैं बेटे को देखता हूँ। इस भट्ठी से उसे पहले कहीं और ले चलिए।

नन्दिनी : यह कैसे सम्भव है?

अभय : क्यों? सम्भव न होने की क्या बात है?

नन्दिनी : आपके भाई यहाँ से हिलने वाले नहीं हैं। इसलिए मैं भी यहीं रहूँगी। और इसलिए वह भी नहीं जाएगा।

अभय : मैं उसे उठाकर ले जाता हूँ।

नन्दिनी : उसे ऐसी जगह ले जाइए जहाँ पानी बरसता हो। उसने कभी बरसात देखी ही नहीं।

अभय : *(उठता है)* वह है कहाँ? देखूँ तो।

नन्दिनी : भीतर झूले पर।

(अभय बीच वाले घर में आता है और चकित होकर खड़ा हो जाता है। वहाँ पर एक भी वस्तु नहीं है। केवल नंगी दीवार। वह इस प्रकार स्तम्भित हो गया जैसे आँखों पर विश्वास ही न हो रहा हो। फिर वह तेजी से बाहर आता है और बैठक के कमरे में जाता है। वह भी पूरी तरह खाली। वह पराग के कमरे में जाता है। वहाँ पर एक चटाई के अतिरिक्त कुछ नहीं है। अभय घर के भीतरी हिस्से से निराश होता है। नन्दिनी की आँखें ग्लानि से बन्द होने लगती हैं। अभय बरामदे में आकर नन्दिनी को देखता रहता है। हवा शोर मचाती धूल ले आ रही है। नन्दिनी आँख खोलती है।)

अभय : यह कैसी दशा है?

(नन्दिनी उसकी ओर एकटक देखती है।)

सारा घर साफ कर दिया है। अब यहाँ गोल्फ खेलिए, गोल्फ।

(नन्दिनी चुप)

सच कह रहा हूँ।

(खामोशी)

बच्चे क़ो काफी बुखार है।

(खामोशी। हवा आती है, धूल आती है। क्षणभर में बाहर से पराग और चन्दू आते हैं। पराग थका हुआ। चन्दू हड्डियों का ढाँचा। अभय और पराग एक-दूसरे को बड़ी देर तक देखते रहते हैं।)

अभय : चलकर आना पड़ा न?

पराग : कब आया?

अभय : अभी-अभी।

पराग : मुझे लग रहा था कि आओगे। *(विराम)* चन्दू काका हैं।

(अभय चौंककर, नन्दिनी शान्तिपूर्वक चन्दू को देखते हैं।)

तुरन्त नहीं पहचान पाये न? ठीक है, काका बैठिए।

(चन्दू बरामदे में जहाँ माँ बैठा करती थी वहाँ जाकर बैठता है और अपने घुटनों पर सिर झुका लेता है।)

नन्दा! काका के लिए पानी ले आओ। कैसे आये इतने कष्ट में?

अभय : मुझे एक शब्द की भी सूचना नहीं दी।

पराग : क्या बताता? पिछले कितने दिनों से तुम्हारा कोई पत्र नहीं, कुछ नहीं!

अभय : वह हमारी भूल है। इसीलिए खुद आया। *(विराम)* लेकिन यह सब देखने की मैंने कल्पना नहीं की थी। *(विराम)*

पराग : जरा गाँव घूमकर देखो फिर कहोगे कि पराग भैया बहुत ठीक हैं।

(चन्दू एकदम उठते हैं और बाहर जाने लगते हैं।)

आप कहाँ चले?

चन्दू : बीड़ी चाहिए।

(अभय आश्चर्यचकित होता है।)

पराग : *(आवाज में जोर देकर)* अब इस धूप में कहीं न जाइए।

(चन्दू खम्भे की तरह अपनी जगह पर खड़ा रहता है।)

आपको कहीं भी बीड़ी मिलने वाली नहीं है। गाँव भर में एक भी दुकान नहीं बची है।

चन्दू : तो मुझे ले क्यों आये? जाता हूँ मैं।

पराग : जाएँगे तो मैं फिर पकड़कर ले आऊँगा। बैठिए नीचे।

(चन्दू बेमन और नाराजगी से बैठता है। अभय पराग से आँखों के इशारे से पूछता है। यह क्या मामला है? पराग केवल हँसता है। नन्दिनी भीतर से पानी ले आती है और चन्दू के सामने रखते हुए देखती है। चन्दू उसका हाथ पकड़ता है। अभय और पराग चौंकते हैं। नन्दिनी अत्यन्त शान्त।)

चन्दू : यह तुम्हारी पत्नी मालूम पड़ रही है?

पराग : उसका हाथ छोड़ दीजिए काका।

(चन्दू बिना हाथ छोड़े उसकी ओर देखता रहता है।)

नन्दिनी : *(धीरे से सौम्य स्वर में)* काका! मेरा हाथ छोड़िए न!

(चन्दू हँसता है और उसका हाथ छोड़ देता है।)

चन्दू : अच्छी है।

पराग : अच्छा।

चन्दू : माँ की तरह दिखती है।

पराग : ठीक से देखिए। आप जहाँ बैठे हैं वह जगह माँ की है। आपके यहाँ से जाने के बाद इतने साल वह यहीं बैठीं और आपका नाम लेते-लेते उन्होंने प्राण छोड़े।

(चन्दू का चेहरा वेदना से विकृत होता है।)

चन्दू : *(स्वयं से)* सूर्योदय के समय गयीं।

पराग : हाँ।

चन्दू : मुझे पता है। सन्ध्या समय से ही रह-रहकर मेरी आँखों में आँसू आ रहे थे। कुछ समझ में नहीं आ रहा था। रात को सोते समय भी आँखें आँसुओं से भरी थीं। सवेरे ऐसा लगा जैसे किसी ने शरीर पर हाथ रखा। उठकर बैठा तो एक चिड़िया आकर काँधे पर बैठी थी। फिर उड़कर सामने आकर बैठी। दिनभर मैं जहाँ-जहाँ गया वहाँ-वहाँ पीछे-पीछे आयी। शाम हुई तो गंगा की दूसरी ओर अँधेरे में उड़ गयी। तभी पता चल गया माँ चली गयी। *(विराम)* मुक्त हुई। *(विराम, अभय की ओर मुड़कर)*

क्यों रे तेरी पत्नी? पत्नी को नहीं ले आया क्या?

अभय : नहीं।

चन्दू : बाल-बच्चे ?

(अभय चुप)

पराग : उठिए, हाथ-पैर धो लीजिए।

चन्दू : बच्चे कितने हैं?

पराग : काका !

अभय : मेरे बच्चे नहीं हैं।

चन्दू : क्यों, पत्नी अच्छी नहीं लगती?

पराग : काकाऽऽ।

चन्दू : स्नान करता हूँ।

पराग : इतना पानी यहाँ नहीं है।

चन्दू : तो काशी क्या बुरी थी? पानी नहीं तो तुम अपने पाप कैसे धोते हो? *(उठता है)* आता हूँ। *(बाहर जाता है)*

(लम्बी खामोशी)

पराग : पैरों की दरारें देखीं? फूटती चली गयी हैं। कौन जाने कितने दिन ये अपने लँगड़े और नंगे पैरों से घूमते रहे हैं? यहाँ आते हुए मेरा ध्यान बचाकर तीन बार गाड़ी से उतरे।

अभय : जब उनकी इच्छा आने की नहीं थी तो क्यों ले आये?

पराग : यही उनका घर है। *(विराम)* मैंने उन्हें जिस अवस्था में देखा यदि तुमने उस अवस्था में देखा होता तो तुमने भी वही किया होता।

अभय : कहाँ मिले?

पराग : दशाश्वमेध घाट पर। भिखारियों की कतार में बैठे थे। दाढ़ी नाखून बढ़े हुए। पहले तो मैंने पहचाना ही नहीं। दूसरों के साथ इनके हाथ पर सिक्का रखकर आगे सरका तो एकदम ध्यान आया। लगा कि यह चेहरा तो पहचाना हुआ है। फिर लौटा और सामने खड़ा हुआ। अरे यह तो चन्दू काका हैं।

अभय : उन्होंने पहचाना?

पराग : पहले तो पहचान नहीं दी। फिर एकदम उठे और भागे। ये आगे और मैं उनके पीछे-पीछे। पकड़ा किसी तरह। नाई के सामने

बिठाकर बाल बनवाये। एक घण्टे तक स्नान कराया। तब कहीं जाकर मनुष्य की तरह दिखाई पड़े। खाना सामने आया तो ऐसे खाने लगे कि मैंने तो अपना मुँह ही दूसरी ओर कर लिया। *(विराम)* शरीर का तो छोड़ो, इस आदमी का मन भी पूरी तरह टूट गया है।

अभय : अपने ऊपर बड़ी जवाबदारी ले ली है।

पराग : चन्दू काका अपने हैं।

अभय : आपके लिए तो सभी अपने हैं।

पराग : तो क्या उन्हें भिखारियों की कतार में छोड़ आऊँ?

अभय : उनको वहीं जिन्दगी चाहिए तो?

पराग : यह सम्भव नहीं है।

अभय : उनसे पूछा? आपको कभी ऐसा नहीं लगता कि दूसरे की जिन्दगी में उलटफेर करने वाले हम कौन होते हैं? *(विराम)* मेरे विचार में आजकल यह बात बार-बार आती है।

पराग : सारे बन्धन तोड़कर किसी खोज में निकला यह व्यक्ति भिखारियों की कतार में कैसे आ गया?

अभय : अन्त में सभी उसी कतार में आते हैं। *(विराम)* कोई भी किसी के लिए कुछ कर नहीं सकता।

पराग : इसका मतलब यह कि हम कोशिश भी न करें?

अभय : हमें खूब लगता है कि यह किया, वह किया। लेकिन उससे किसी के जीवन में जरा भी अन्तर नहीं पड़ता। हर आदमी अपनी नियति लेकर आता है।

पराग : अभय।

अभय : मुझे इस बात का विश्वास होता जा रहा है।

पराग : अरे तुम डॉक्टर, वैज्ञानिक होकर नियति की बात कर रहे हो?

अभय : बच्चे को इस तरह की जलती धूल में न रखो।

पराग : उसकी वही नियति है तो? और मैंने उसे यदि यहाँ से हटाया भी तो तुम्हारे कहने के अनुसार उसकी नियति में क्या अन्तर पड़ेगा?

अभय : *(नन्दिनी से)* इनसे कुछ कहिए। आपको यह अच्छा लगता है क्या?

नन्दिनी : मैं इतना विचार कहाँ करती हूँ। जो दिन अपनी झोली में आये ले लेना चाहिए।

पराग : फरक पड़े न पड़े जहाँ तक सम्भव हो अपने को हाथ-पैर हिलाते रहना चाहिए।

अभय : यह सब फालतू बातें हैं।

पराग : अरे तुम्हारे तो वैज्ञानिक के हाथ—

अभय : फालतू! फालतू है यह सब। इस हाथ से ज्ञान के नाम पर बहुत उठापटक की। हमारा अभिमान भी कितना। सभी अच्छे जीन्स को एकत्र करके महामानव का निर्माण करना है।

पराग : अभय! विज्ञान कितना आगे जा सका है? क्या ऐसा दिन नहीं आएगा जब यहाँ महामानव होगा?

अभय : हाँ। और उसके रहने के लिए यह मरुस्थल है। *(विराम)* कैसा महामानव पराग भैया? अलग-अलग लोगों की महामानव सम्बन्धी कल्पना अलग है। अपने-अपने जीवन के अनुभव के अनुसार, अपने-अपने मन की रचना के अनुसार, हम छोटे-छोटे लोग, हिंसा, ईर्ष्या, मत्सर, कपट से भरे हुए। हमारा महामानव कैसा होगा?

(विराम)

और वह महामानव भी मरेगा, नष्ट होगा। यही एक बात अटल सत्य है।

(खामोशी)

यह बात समझ लेने पर लगने लगता है कि इस सृष्टि के व्यापार में हम एक विचित्र गतिरोध तो नहीं उत्पन्न करते? हम अपने को सृष्टि का स्वामी समझते हैं। यह सारी सृष्टि हमारे लिए है। इसे हमारे चारों ओर घूमते रहना चाहिए। मुझे जो चाहिए वह उलटफेर मैं करूँगा। सृष्टि के प्रकृति के नियम बदलूँगा। बदलूँगा अर्थात् तोड़ूँगा। क्योंकि हम सृष्टि से कुछ अलग हैं, श्रेष्ठ हैं। *(विराम)* वास्तव में ज्ञान के बोध और ज्ञान के नाम पर हम अन्धे हैं। अहंकार का खेल खेल रहे हैं। *(विराम)* आशा के वर्ष व्यर्थ चले गये।

पराग : अभी भी आगे बहुत जिन्दगी बाकी है।

(अभय कड़ुआहट से हँसता है।)

क्या हुआ?

अभय : कैसे बाकी है? हो सकता है कि मैं कल ही न रहूँ। अब से दो घण्टे बाद ही न रहूँ। आप भी नहीं रहेंगे।

पराग : ऐसा कुछ मत बोलो।

अभय : अपने को कितना धोखा देते हैं? यह मृत्यु का ताण्डव भी धोखा देता है। अरे वही एक बात निश्चित रूप से घटित होने वाली। घटित होगी ही।

पराग : उससे कौन बचा है?

अभय : इसीलिए, इसीलिए मरने से पहले अपने को एक घर मिल सके इस समाधान की खोज में यहाँ तक आ सका हूँ। ज्ञान हाथ से निकल गया। यहाँ से अपनी जड़ उखाड़कर वहाँ गया। लेकिन वहाँ जड़ जमाना सम्भव नहीं हुआ। सिन्थिया और मैंने अपने जीवन को एक-दूसरे के साथ समेकित कर दिया। लेकिन वहाँ मेरे पास यहाँ के केवड़े की सुगन्ध आती ही रहती है। *(विराम)* आरम्भ में लगा यदि मेरे लिए यहाँ जड़ जमाना सम्भव न हुआ तो मेरे बच्चे यहाँ घर बनाएँगे। वे यहाँ जमेंगे, बढ़ेंगे, यहीं उनकी जड़ होगी। फिर उन्हीं के घर में मैं अपना घर तैयार करूँगा।

(विराम)

पराग : तुम मुम्बई पत्र नहीं देते हो। कुछ समाचार नहीं देते हो। पिछली बार जाते समय तुमने काकी को नमस्कार तक नहीं किया। एकदम टूट गयी थीं। वह भी तुम्हारा घर है।

अभय : मेरा घर! मेरे माँ-बाप ने मुझे कभी घर दिया ही नहीं। जहाँ एक क्षण के लिए मन को शान्ति नहीं। जहाँ केवल यह करो, वह करो, यह दो, वह दो, जैसी माँगें—वह कैसा घर? आप जाकर वहाँ रहिए। आप विश्वबन्धु हैं न?

पराग : हरामी! जाने से पहले जाकर उनसे मिलो।

(अभय कड़ुआहट से हँसता है। शान्ति। हवा का बवण्डर आता है। क्षण भर बाहर हा हा हा करके रोने की आवाज आती है। जैसे कोई मर गया हो।)

पराग : *(गहरी साँस छोड़कर उठता है)* एक और।

अभय : कहाँ चले?

पराग : देखकर आता हूँ। पिछले महीने भर से चूहे गिरने लगे हैं।

किसका बुलावा कब आ जाएगा—

(पराग बाहर जाता है।)

अभय : यह कहाँ गये?

नन्दिनी : यहाँ कोई जल्दी आगे नहीं आता।

अभय : मतलब?

नन्दिनी : कभी-कभी कन्धा देने के लिए भी आदमी नहीं मिलते। लेकिन आगे का सब काम होना तो चाहिए।

(अभय कुछ क्षण उसकी ओर एकटक देखता रहता है। फिर एकदम से हँसने लगता है। बड़ी देर तक हँसता रहता है। फिर एकदम रुकता है।)

अभय : *(आँख से आँसू पोंछते हुए)* हम सभी एक दिन जाएँगे। नहीं क्या? *(उठता है)* मैं भी आता हूँ।

(अभय बाहर जाता है। नन्दिनी उसकी ओर देखती है। दृश्य एक समाप्त। अँधेरा)

द्वितीय दृश्य

[वही दिन। रात के बारह बज चुके हैं। सभी बरामदे में बैठे हैं। केवल चन्दू वहाँ पर पैरों को पेट में मोड़कर सोया है।]

अभय : लगता था, रात को कुछ ठण्डा हो जाएगा।

पराग : हम तो यह भी भूल गये कि ठण्डक का मतलब क्या होता है?

अभय : आपको दुख होता है?

पराग : मैंने ऐसा क्या किया भाई?

अभय : एक शब्द में मुझे सूचित करना चाहिए था। अधिक नहीं तो जितना सम्भव था, भेजता रहता।

पराग : उससे हमारी नियति बदल जाती क्या? *(हँसता है।)*

अभय : हँसते क्यों हैं? नियति न बदलती लेकिन समय जरा आराम से कटा होता।

पराग : अभय, हमारा हर दिन सुख का है। अब किसी भी चीज के लिए कोई शिकायत नहीं है। और तुम्हें यदि ऐसा लगता है तो यहाँ से जाने पर जो इच्छा हो भेज दो। मैं ले लूँगा।

अभय : इसके-उसके लिए खर्च करने के लिए।

पराग : हाँ।

अभय : आज उस आदमी के लिए अपने पैसे खर्च करने की क्या जरूरत थी?

पराग : तुम्हें नहीं थी। मुझे थी। *(विराम)* तुम्हारे लिए वह केवल एक आदमी था, अभय। लेकिन मेरे लिए वह तुकाराम दर्जी था *(विराम)* टेप नहीं था इसलिए कपड़े की पट्टी पर निशान बनाकर काम चलाने वाला देहाती, अपढ़ दर्जी। *(विराम। हँसता है और अपने में विभोर होता जाता है)* इसके द्वारा सिली गयी शर्ट की एक बाँह पूरी तो दूसरी छोटी। काज बनाया तो बटन नहीं, बटन लगाया तो काज नहीं। जनेऊ के समय कपड़ा दो तो शादी के समय मिले। लेकिन उसके भजन सुनने जो खड़ा हो जाय, उसकी आँख से आँसू की धारा बहने लगती। मेरे कपड़े सारी जिन्दगी इसी ने सिले। मैं उसके लिए इतना भी न करूँ? *(साँस छोड़कर)* चला गया। अपनी जान-पहचान के सभी पड़ोसियों के एक-एक करके जाते हुए देखने का समय आ गया है।

अभय : *(नन्दिनी से)* इन्हें कुछ समझ में नहीं आता। घर उजाड़कर परोपकार करते हैं।

(पराग हँसता है)

हँसते क्यों हैं साधू बाबा?

पराग : अरे उससे क्या कहते हो? शुरुआत तो उसी ने की। गाँव में हाहाकार मचा हुआ था। दाँत पर रखने के लिए किसी के पास पैसा नहीं था। और जरूरतमन्दों की कमी नहीं थी। कोई बीमार, कोई मौत के दरवाजे पर। कोई गाँव छोड़कर जाने के लिए निकला। एक दिन यह उठी और बिना कुछ बोले डिब्बा लाकर मेरे सामने रख दिया।

अभय : आप तो इसकी प्रतीक्षा ही कर रहे होंगे?

पराग : अच्छी तरह मुक्त अनुभव करता हूँ। अब हम और हमारे ऊपर

यह आकाश और उसमें यह चाँदनी।

अभय : ठीकरा जैसा दिखता है।

पराग : और स्वीडेन में रे अभय? बर्फ की चट्टान जैसा दिख़ता होगा, नहीं क्या? कितनी अच्छी ठण्डी होगी वहाँ पर?

अभय : किसने कहा कि ठण्डक अच्छी होती है?

पराग : हमें तो ठण्डक का स्वप्न आता है।

अभय : ठण्डक भी इसी दावाग्नि की भाँति भयानक होती है। *(विराम)* बर्फ से ढँके पठारों से दरवाजों और खिड़कियों की दरारों से आती है वह। आपको पता भी न चले इतनी शान्ति से शरीर में, हड्डियों में, मन में, आत्मा में प्रवेश कर जाती है। फिर आपके मन और आत्मा का एक-एक कोना ठिठुरकर निर्जीव होने लगता है। *(विराम)* स्वीडेन की न समाप्त होने वाली दीर्घ सन्ध्या हम कैसे बिताते हैं, पता है? मैं अपने शरीर से बाहर आकर खड़ा होता हूँ और अपने शरीर की पेशी-पेशी में होने वाले विघटन को देखता रहता हूँ। आत्मा के एक-एक हिस्से को ठिठुरकर गलते देखता रहता हूँ। मृत्यु निश्चित है। ठण्डक सत्य है। *(विराम)* पहले क्या मरता है? शरीर या मन? *(विराम)*

पराग : सिन्थिया कैसी है?

अभय : अच्छी। सेण्ड्स यू हर लव।

पराग : एक बार उससे मिलने की इच्छा होती है।

अभय : आपसे अच्छी पटेगी। वह भी आप जैसी ही है। सभी जगहों पर उपकार करने के लिए सदा तैयार। मैं ही आप लोगों से अलग हूँ। *(विराम)*

पराग : तुमने व्यर्थ में अमेरिका छोड़ा। कितनी जान-पहचान थी तुम्हारी।

अभय : इसीलिए छोड़ा। प्राण लेकर भागा वहाँ से।

(चन्दू कराहता है और कुहनी पर होता है। अभय उसकी ओर विचित्र कुतूहल से देखता है।)

यह आदमी कब से भटक रहा है। देखिए अपना क्या हाल बना डाला है।

पराग : *(धीमे से मुस्कराता है)* नियति।

(अभय खिन्नता से हँसता है।)

पुरानी अलमारी अमरावती ले जाकर बेचने के लिए कुछ दिन पहले खाली की तो उसके अन्दर सभी की जन्मपत्रियों की इतनी बड़ी गठरी मिली। तात्या जी ने सब बनवायी थीं। पता है चन्दू, काका की कुण्डली में क्या लिखा है? हीरे-मोतियों से हमेशा मुट्ठी भरी रहेगी।

अभय : और तुम्हारी कुण्डली में?

पराग : हँसोगे।

(अभय हँसता है।)

पराग : *(हँसते हुए)* घराने का नाम रोशन करने वाला कुलदीपक। *(विराम)* जेल में पत्थर तोड़कर नाम रोशन किया कि नहीं?

अभय : *(हँसता हुए)* बेशरम! और रंजू?

पराग : आठ पुत्रोंवाली होगी। उसमें से तीन तो हो गये। चौथे की तैयारी है। *(विराम)* सभी की जिन्दगी के अलग-अलग ढंग होते हैं। यहाँ वर्षा हो या न हो, दुर्भिक्ष पड़े, लोग मरें, इसका ऊँची एड़ी का जूता पहनकर काला चश्मा लगाकर पर्स हिलाते सिनेमा जाना नहीं छूटता। घर पर बच्चों को सँभालने के लिए माँ है ही। वह उसकी नियति है। रंजू के बच्चों में वह हमेशा के लिए अटक गयी। सत्तर की हो गयी लेकिन उसकी पीछे की माया छूटती नहीं।

अभय : चलिए हमारे साथ। इस धूल में अब न रहिए।

पराग : अभय! क्या मैं यहाँ अकेला हूँ?

अभय : सच कह रहा हूँ। कभी वह सागौन बेचकर चल पड़ो यहाँ से।

पराग : सागौन! कहाँ है सागौन? सब काटकर ले गये लोग।

(अभय चकित)

एक हफ्ते तक धड़ाधड़ ट्रक आये और सारा सागौन काटकर ले गये।

अभय : और आप खड़े देखते रहे?

पराग : मैं दूसरों का सागौन नहीं काटता था? मेरा हाथ ही नहीं उठा। मुझे लगा यह सागौन मेरा नहीं है। जिनका था वे ले गये।

अभय : यह सन्तों का वैराग्य कब से? जेल में पत्थर तोड़ा तब से?

पराग : जेल की चार दीवारों के भीतर मैं अन्दर से कितना मुक्त था, तुम्हें

बता नहीं सकता। मन का सारा डर, सारी लज्जा, सारा सन्ताप उस सजा में भस्म हो गया। मन एकदम स्वतन्त्र हो गया। लगा कि कीमत चुका दी। अब मेरी पाटी फिर से कोरी हो गयी। *(विराम)* जीवन में प्रत्येक व्यक्ति को एक बार इस तरह अनावृत होना चाहिए। हम कितना डरते हैं?

अभय : बिना गुनाह के भी कुछ लोगों को सजा होती है। उनके मन को कैसा लगता होगा?

पराग : सजा हुई तो समझो गुनाह किया ही होगा। कभी जानकर किया है या कभी अनजाने में घटित हुआ है।

अभय : विश्वास नहीं होता। *(चन्दू की ओर देखकर)* इनका गुनाह क्या है? जो इनको इतनी साँसत झेलनी पड़ रही है?

पराग : अभय ! सागौन पर मैंने जब पहला घाव मारा तभी मैंने जेल जाने का इन्तजाम कर लिया। अन्ततः अपना रेगिस्तान हम खुद ही तैयार करते हैं।

अभय : *(जोर से सिर हिलाते हुए)* समझ में नहीं आता। नहीं आता। हँसते-खेलते बच्चे मर जाते हैं, बाढ़ आती है, भूकम्प आते हैं और रात में सोते हुए गाँव का गाँव मृत्यु के मुँह में चला जाता है। यह कैसी सजा?

पराग : मृत्यु का मतलब तुम्हें दण्ड लगता है?

अभय : जीवित रहना भी दण्ड लगता है। फिर भी मरने की इच्छा नहीं होती। लेकिन अपनी इच्छा-अनिच्छा का प्रश्न ही कहाँ आता है? इसमें चुनाव करने की जगह कहाँ है?

पराग : है।

अभय : तो आप यहाँ से जाते क्यों नहीं?

पराग : यही मेरा चयन है। यहाँ रहना। मृत्यु जब आएगी तब आएगी। लेकिन उसके आने तक क्षण-क्षण चुनाव करना पड़ता है और उसे करना चाहिए। *(विराम)* अभय! मेरा पैर इस गाँव से जाने के लिए उठता ही नहीं। तुम पूछोगे कि क्या है इस गाँव में? मैं भी नहीं बता पाऊँगा। दस हजारा देहातों की तरह रूपरंगहीन वीरान दरिद्री गाँव। लेकिन मेरे प्राण यहीं अटके हैं। एक बार गया भी था। लेकिन यह सूखा पड़ा और गाँव उजड़ने लगा। फिर यहीं लौट आये। मेरे पैर अपना स्वाभिमान कैसे खोते? *(विराम)*

आँखों के सामने गाँव उजड़ गया। क्या बताऊँ कि कितना दुख होता है। कुल ले-देकर दो सौ देहरी वाला गाँव। आधे से अधिक चले गये। पानी रूठ गया तो एक-एक करके चले गये। जो पहले गये वे ढंग से चूल्हे को लीप-पोतक़र, उस पर अल्पना बनाकर, देहरी पर हल्दी कुमकुम लगाकर गये। दरवाजे पर ताला लगाकर पड़ोसियों से ध्यान रखने के लिए कहकर गये। पीढ़ियों के पड़ोसी। लेकिन समय ऐसा आया कि इन्हीं पड़ोसियों ने दिन दहाड़े ताले तोड़कर सब कुछ निकाल लिया। फिर उनके भी जाने का समय आया। कितनों ने अपने पुराने घरों की दीवारें तोड़ डालीं। उन्हें गुप्त धन की आशा थी। वह भी नहीं मिला। रोते-रोते पैरों से चूल्हे तोड़कर और घर के खँडहर पीछे छोड़कर गाँव की सीमा पर पहुँचे। कितनों का धैर्य छूट गया। उन्होंने धूल में लौटते हुए अपने आँसुओं से धरती को गीली कर दी। *(विराम)* आज एक गया तो कल दो, परसों पाँच। इन सभी को सूचना देने के लिए मैं गया। *(विराम)* एक-एक व्यक्ति जाता और हर समय मन और अधिक दुखी होता। सभी गाँववालों के शरीर पर, कन्धे पर मैं खेला हूँ। मैं देशपाण्डे का बेटा।

(लम्बी खामोशी)

पहले सोमा बरठी गया। मेरी ही उम्र का था। उसने मुझे पेड़ पर चढ़ना सिखाया। फिर सोनार का लड़का दत्ता गया। वह मेरा गणित हल करता था और अपना काम पूरा न कर पाने के कारण मास्टर से मार खाता था। बबन बारई मुझसे पिटकर भी हमेशा मेरे पीछे-पीछे रहता था। यशवन्त काका कासार जन्मभर देशपाण्डे का एहसान ढोते रहे। बजी मौसी, इनके बाल न बच्चा। यह जानते हुए कि माँ को पसन्द नहीं है वह चुपचाप मुझे अपने घर ले जाती थी और कभी गुड़ की डली, कभी एक प्याला दूध देती थी। चोखा काका, आठ वर्ष का मुस्तण्ड हो गया था तब कन्धे पर बिठाकर पूरा जुलूस दिखाकर ले आते थे। काशीनाथ रिठे, कितना तगड़ा पहलवान। बैलगाड़ी की दौड़ में यह उतरा हो और उसे इनाम न मिला हो, ऐसा कभी हुआ ही नहीं। एक बार मैंने भी रेस में भाग लिया तो इसके बैलों की जोड़ी मुझसे लगातार

बीता भर आगे रही। जनू लोहार की बेटी वच्छी मुझसे उम्र में बड़ी। वह भैंगी है। एक बार लड़कपन में मैंने उसे 'मुम्बई कोलकाता' कहा तो 'क्या पराग तू भी?' कहकर वहीं खड़ी रही। मैं जाने लगा तो हँसते हुए बोली, मुझे कहना है तो कहो पर किसी दूसरे को कभी ऐसा नहीं कहना। अच्छा! ऐसे हैं हमारे लोग।

(खामोशी)

आगे चलकर ये लोग भी बदले। बदलता कौन नहीं? सोमा ने मेरी घड़ी चुरायी। यशवन्त काका गाँव की स्त्रियों से रंजू के भाग जाने की बदनामी मजा लेकर करते रहे। दत्ता जाकर बंसीलाल से मिल गया। बजी मौसी से दूध लेना शुरू किया तो उसमें दूध से अधिक पानी। नन्दिनी को फोटो भिजवाने की सलाह देने वाला बबन बारई।

(खामोशी)

फिर भी क्या हुआ? इन लोगों ने बचपन से ही मुझे प्यार किया। पिताजी की मार के डर से जब मैं दिन-दिनभर बाहर भटकता था, उन दिनों इन्हीं लोगों ने मुझे छाती से लगाया। *(विराम)* एक-एक करके गये। थोड़े बचे हैं। और जबतक वे हैं, मैं भी रहूँगा। मैं और चाँदनी से भरा मेरा आकाश। *(विराम)* जेल में मन मुक्त था तो भी इस चाँदनी के लिए छटपटाता था। चाँदनी नहीं दिखती थी। फिर तुमने वह पुस्तक भेजी। कितना बड़ा खजाना है, अभय!

अभय : पढ़ते हैं?

पराग : हाँ। पहले तो उसके फोटो देखकर छाती पर हाथ रखा। करोड़ों मील दूर पर स्थित उनकी फोटो। फिर अटकते हुए इसकी मदद से पढ़ना शुरू किया। उस पुस्तक ने बहुत सहारा दिया। पहले मैं इस सूखे से घबरा गया था, अभय। फिर लगा कि सारा सृष्टिचक्र तो चल रहा है, बिना रुके और नियमित। वह तुम्हारा नेपच्यून। अपना एक सौ पैंसठ वर्ष उसके एक वर्ष के बराबर। वहाँ से यदि देखें तो यह सूखा एक मिनट का होगा। मन में यह बात आयी और लगा कि यह सृष्टिचक्र इतने नियम से चलता

है तो इस सूखे का भी कोई अर्थ होगा ही। तो मैं उससे क्यों भागूँ? सच कहें तो इसके भी जिम्मेदार हमीं हैं। इसलिए अभय! यहाँ से भागूँगा नहीं। सामना नहीं कर पाते तो भागते हैं। प्रत्येक व्यक्ति को इसका निर्णय लेना पड़ता है। *(विराम)* इस सूखे में हम नष्ट ही हो चुके हैं फिर भी पृथ्वी अपनी गति से सूर्य के चारों ओर घूमती रहेगी। दिन-रात होते ही रहेंगे। फिर कभी न कभी धीरे-धीरे यह पृथ्वी फिर से हरे-भरे घने जंगलों से भर जाएगी जो होगा सो होगा। लेकिन जो हो रहा है उसका मैं एक हिस्सा हूँ। ऐसा सोचने से मन एकदम शान्त हो गया। *(विराम, गहरी साँस छोड़कर)* तो संक्षेप में ऐसी बात है।

अभय : आप अपना अनुभव अपने पास रखें। लेकिन अपने साथ अपने छोटे से बच्चे को इसमें क्यों ढकेलते हैं?

पराग : उसे अभी से सब कुछ देख लेने दो। फिर आगे जो कुछ भी आएगा उसके लिए मजबूती से तैयार रहेगा *(विराम, हँसता है)* नहीं भाई, मैं इतनी चिन्ता क्यों करूँ? कल को पृथ्वी सूर्य के चारों ओर ठीक से घूमेगी कि नहीं? क्या इसकी चिन्ता करोगे?

अभय : मैं क्यों चिन्ता करूँ?

पराग : तोऽ ?

अभय : सोच रहा हूँ कि यहाँ मेरा बच्चा होता तो मैंने क्या किया होता? *(विराम)* प्राणों को गिरवी रखकर उसके लिए सुविधा की होती। जैसे उपन्यासों में दिखाया जाता है, अन्तिम सीमा तक जाकर उससे प्रेम किया होता।

(पराग अभय के हाथ पर अपना हाथ रखता है। अभय उसके हाथ के नीचे से अपना हाथ खींच लेता है।)

मैं बेकार में यहाँ आया।

पराग : क्यों? क्या यह घर तुम्हारा नहीं है?

(अभय खिन्नता से हँसता है।)

नहीं है?

अभय : आज आया तब से एक विचित्र भावना मन को घेर रही है। अपना कोई घर नहीं है। वह कहीं खो गया, या पहले से था ही नहीं। अब मैं सब जगह पराया हूँ।

पराग : तुम्हारे साथ किसी ने पराये जैसा व्यवहार किया?

अभय : किसी ने नहीं। *(विराम)* यहाँ यह भयंकर सूखा, ये ढही हुई दीवारें, मिट्टी के ढेर, हड्डी ढाँचे जैसे जानवर और मांस की दुर्गन्ध। इन सभी चीजों के बीच आपका घर कितना सुखी है। आप, भाभी और बेटा—आपका एक घर है, अपना और स्वतन्त्र—केवल आपका, आप तीनों का। उसमें चौथे का प्रवेश नहीं है। वह चौथा मैं हूँ। पूरी तरह अभय हूँ। तो भी इस घर के चारों ओर पक्की चारदीवारी है। मैं उसके चारों ओर घूम रहा हूँ, इस आशा से कि इसमें प्रवेश मिलेगा। आप अपनी सुविधा से एक क्षण के लिए खिड़की खोलते हैं और मुँह निकालकर मुझसे इधर-उधर की बात करते हैं।

पराग : हमसे कोई भूल हो रही है क्या?

अभय : हमारा बोलना अच्छा नहीं, इसलिए जाने दीजिए।

पराग : गुस्सा मत करो।

अभय : कहाँ? लेकिन मन में जो आया उसे क्या आपसे भी न कहूँ?

पराग : सिन्थिया?

अभय : है। बहुत अच्छी, प्रेमल है। बड़े मन की है *(विराम)* पीछे मैं आपके कमरे में अचानक आया। आप दोनों बात कर रहे थे। एकदम रुक गये और प्रश्नसूचक दृष्टि से मुझे देखने लगे, उस समय मुझे बहुत परायापन लगा। चोर जैसा हो गया *(विराम)* आप लोग अनेक बार एक-दूसरे की ओर देखते भी नहीं हैं, तब भी आप लोगों का संवाद चलता रहता है।

पराग : *(चिढ़कर)* अरे सिन्थिया नहीं है क्या तुम्हारे लिए?

अभय : *(पराग पर आँखें टिकाकार)* एक-दूसरे की ओर देखने की हमारी हिम्मत ही नहीं है। एक ही घर में रहते हैं। लेकिन इस बात से हमेशा डरे रहते हैं कि हमारी आँखें टकरा जाएँगी।

(लम्बी खामोशी)

पराग : चलो, तालाब की ओर चलते हैं।

अभय : नहीं।

पराग : चलो न!

अभय : नहीं। क्या बचा है अब उस तालाब में?

(पराग साँस छोड़कर पीछे झुकता है और आँखें बन्द कर लेता है। तेज हवा की आवाज। क्षणभर में दूर से हो-हल्ला सुनाई पड़ता है। वह आवाज करीब आने लगती है। पराग झट से आँखें खोलता है। वह आवाज ज्यों-ज्यों निकट आती है त्यों-त्यों उसका हिंसक रूप व्यक्त होने लगता है। पाँच-पचीस लोग किसी का पीछा कर रहे हैं और वह अपने प्राणों की रक्षा के लिए चीख रहा है। धीरे-धीरे आवाज समाप्त हो जाती है। कुछ क्षण खामोशी।)

अभय : यह क्या मामला है?

पराग : शरीर!

(पराग उठने लगता है।)

अभय : अब फिर कहाँ चले?

पराग : नहीं रे बाबा! गया तो खड़े-खड़े जला देंगे।

अभय : तुम्हारा क्या सम्बन्ध है? *(विराम)*

पराग : मैना!

अभय : कौन मैना?

पराग : यादव की औरत। सारे गाँव ने उसे बाहर निकाल दिया है। *(विराम)* पहले केवल मेरे साथ उसका व्यवहार था। मैंने बन्द किया तो वह इतनी गिरी कि खुला बाजार बना दिया। जब तक चल रहा था, सभी का ठीक चल रहा था। उसका भी और गाँव का भी। सूखा पड़ा तो धीरे-धीरे गाँव सचेत हुआ। फुसफुसाहट होने लगी कि इसी ने गाँव को नष्ट किया। इसी के पाप से गाँव जल रहा है। फिर पंचायत बैठी। उसको गाँव छोड़कर जाने को कहा गया। वह जाने को तैयार नहीं। तो एक दिन लात-मुक्का मारते हुए, उसके बालों को खींचते हुए उसे गाँव की सीमा से बाहर ढकेल दिया गया। वह चिढ़कर अन्दर आने का प्रयत्न करती तो उसे लाठी से ठेलकर बाहर कर देते थे। *(विराम)*

अभय : और उस समय आप क्या कर रहे थे?

पराग : घर में सिर लटकाये बैठा था।

अभय : आप किस शताब्दी में रहते हैं?

पराग : वह भी बहादुर और जिद्दी है। वहाँ गाँव की सीमा के बाहर दो

लकड़ियों पर गोनी बाँधकर रह रही है।

अभय : देखा मैंने।

पराग : कब?

अभय : सवेरे आया तब। *(विराम)* इतने गाँव वालों को इतना कुछ दिया फिर भी आँसू बहा रहे हैं? इन्होंने आपको कुछ भी नहीं दिया?

पराग : दिया।

अभय : तो?

पराग : तो कुछ नहीं।

अभय : लगता है आप भी उसे पापिनी ही समझते हैं?

पराग : *(चीखकर)* कहा न मैंने! पंचायत के समय मैंने कहा यह ठीक नहीं है। वह भी मनुष्य है। तो सारा गाँव मेरे विरुद्ध हो गया। गाँव में रहना है कि नहीं? या गाँव के बाहर उसके साथ झोंपड़ा बनाना है?

अभय : क्यों नहीं बनाया?

पराग : इसने तो कहा, चलो। लेकिन मेरी हिम्मत नहीं पड़ी। गाँव के लोगों के साथ ऐसा रिश्ता बन गया है। *(विराम)* कितने साधु-सन्तों का गाँव! कौन नहीं गया उसके पास। कभी-न-कभी पगड़ी में मुँह छुपाकर सभी गये। लेकिन उसे बाहर निकालते समय वे सबसे आगे थे। खुलेआम पाप करनेवालों को दण्ड देने की जल्दी सबसे अधिक चोरी से पाप करने वालों को रहती है।

अभय : लेकिन यह अभी का शोरगुल कैसा था?

पराग : चोरी से कोई उसके झोंपड़े पर गया होगा। *(विराम)* अरे शरीर है। किसी का बेसहारा लाचार। किसी का बेशर्म छिनाल। पहले उसको दण्ड दिया। अब एक-दूसरे पर निगाह टिकाये रखते हैं। *(विराम)*

अभय : आप मुझे बहुत ढोंगी और स्वार्थी लगते हैं।

पराग : वैसा ही कहो।

अभय : *(नन्दिनी से)* इनका यह व्यवहार आपको अच्छा लगता है?

नन्दिनी : जैसा सम्भव होता है, मैं उसे कुछ ले जाकर देती हूँ।

अभय : और गाँव के लोग?

नन्दिनी : गाँव के लोग मुझे कुछ नहीं कहते।

(चन्दू उठकर बैठता है।)

पराग : क्या हुआ काका?

चन्दू : क्यों रे? पानी बरसा क्या?

पराग : *(हँसता है)* वर्षा!

चन्दू : मुझे माँ की पुकार सुनाई पड़ी।

पराग : आपको भ्रम हुआ होगा। सो जाइए।

चन्दू : यह भी भ्रम ही है?

(चन्दू धीरे-धीरे सो जाता है।)

पराग : यह आदमी निरन्तर किस चीज से भागता रहा है? और इसे जाना कहाँ था?

अभय : बहुत दिन तक इस तरह भागना सम्भव नहीं होता। *(विराम)* घूम-घूमकर हम फिर उसी जगह आते हैं। अर्थात् अपने पास। *(विराम)* यह अपनी आखिरी मुलाकात है, पराग भैया। *(विराम)*

पराग : *(अस्पष्ट)* नहीं।

अभय : हाँ। और यदि कभी मेरी याद आयी तो ऐसा आपके पास कुछ नहीं जिसे आप कहें कि 'यह अभय की है।'

(खामोशी, हवा का झोंका आता है।)

मेरे पीछे मेरी कोई निशानी नहीं। केवल स्मरण। और वह भी जब तक आप हैं, तब तक। आपके बाद वह भी नहीं रहेगा।

(खामोशी)

हमारे कोई बच्चा नहीं है। पहले हमें इसके लिए कभी कोई चिन्ता नहीं हुई। हमने सोचा, नहीं है तो अच्छा है। अपने काम में कोई बाधा नहीं थी इसलिए हम सुखी थे। इसके अतिरिक्त हम दोनों मिलकर इतना परिपूर्ण जीवन जी रहे थे कि हमें किसी भी चीज की जरूरत महसूस नहीं होती थी। हमें लगा कि इसी तरह हाथ में हाथ लेकर जीवन बिता लेंगे। *(विराम)* और इसी आनन्द की असावधान दशा में एक सुबह हमारा संसार ठिठुरने लगा *(विराम)* मुझे वह सुबह अच्छी तरह याद है। सूर्य के प्रकाश में जगमगाती सफेद बर्फ पर जाते हुए मैंने एक शव-यात्रा देखी। सफेद बर्फ पर काले कपड़े पहने हुए लोग शव-पेटी के पीछे चुपचाप चल रहे थे। एक अटल और निश्चित प्रवास। उसी समय मृत्यु का बोध

ज्वर की तरह धीरे-धीरे बढ़ने लगा। उसी से मुझे अपने और सिन्थिया के सम्बन्ध की नश्वरता का ज्ञान हुआ। हम समाप्त हुए कि हमारा सब कुछ समाप्त हुआ। पीछे कुछ भी नहीं। *(विराम)* सब कुछ समाप्त? फिनिश्ड? कोई निशानी पीछे नहीं रह जाएगी? हम समाप्त होंगे इससे सभी चीजों और अन्य लोगों से कोई सम्बन्ध नहीं? सभी अपना सुख-दुख भोगकर चले गये। मुझसे यह सहन नहीं होता। यह सृष्टि शाश्वत रहेगी। मात्र मैं जमीन पर पड़ी पानी की बूँद की तरह पोंछ दिया जाऊँगा। आरम्भ में सन्ताप और द्वेष के विष से मेरा मन ऊब गया था। *(विराम)* फिर एक बार काम करते-करते मैं रुक गया। यह क्या चल रहा है? उस मृत्यु का मेरी छोटी-सी जिन्दगी पर आक्रमण तो निश्चित ही है लेकिन उसने मेरा मन भी ग्रस लिया है। भागो यहाँ से, भागो। इसीलिए फिर स्वीडन। *(विराम)*
सिन्थिया को मेरा डर समझ में नहीं आता। मेरे डर का उसकी समझ में न आना मेरी समझ में नहीं आता। कुछ समय के लिए हमने अपने को कार्य में तल्लीन किया। परन्तु अनजाने में ही हमारे मन पर धीरे-धीरे हिमपात होने लगा और हमारा मन ठिठुरने लगा। टुगेदरनेस बिकेम अ नाइटमेअर।

(विराम)

क्षण-क्षण मेरी धमनियों में फैलती यह मृत्यु! आपके कथनानुसार मात्र एक घटना है। लेकिन मैं इसे स्वीकार नहीं कर सकता। मृत्यु, अटल है। किन्तु उस अनिवार्यता को पराजित किया जा सकता है। उसे अपने वंश को पीछे रखकर पराजित किया जा सकता है।

(विराम)

हम एक-दूसरे से बहुत प्रेम करते हैं। लेकिन अब हमारे बीच इस नये बोध का एक ठिठुरता हुआ विशाल प्रदेश खड़ा है। हमारा हाथ एक-दूसरे से छूट गया है। एक-दूसरे तक पहुँचता ही नहीं। एक-दूसरे की ओर हताश होकर देखने के अतिरिक्त हम कुछ नहीं कर सकते। *(विराम)* स्वीडन में दीर्घ सन्ध्याओं के समय हम अपनी-अपनी कुर्सियों में बैठे शीशे के बाहर बर्फ का गिरना चुपचाप देखते रहते हैं। हम अपनी कुर्सियों में और हमारे बीच

एवं आस-पास बूँद-बूँद करके गलती हुई समाप्त होने वाली शान्ति। आज वह गले तक है। कल आँखों तक आएगी। परसों हम उसमें डूबकर लुप्त हो जाएँगे। सब समाप्त। अभय सुधीरराव धरणगाँवकर देशपाण्डे समाप्त हो गये। उनके पीछे कुछ नहीं है। *(एकाएक तीव्र स्वर में)* पराग! मुझे मरना नहीं है। *(विराम)*

पराग : हम यहाँ नहीं रहे तो हमारी निशानी भी न रहे तो क्या फर्क पड़ता है? नदियाँ बहती ही रहेंगी, सूर्य-चन्द्र उगते रहेंगे, ऋतुचक्र चलता रहेगा। जीवन अखण्ड रूप से प्रवाहित रहेगा। इस जीवन प्रवाह के हम भी कभी एक हिस्सा थे, यह जानना भी कितना बड़ा समाधान है।

अभय : जैसा कि आप कहते हैं, उस जीवन-प्रवाह का मूढ़ साक्षी बनने से समाधान कैसे आएगा? *(विराम)* यह कैसी सजा? नष्ट होने की? *(विराम)* नास्तिक सिन्थिया। एक बार मैंने उसे चर्च से निकलते हुए देखा। मृत्यु के पंजे कन्धे पर पड़ें, उससे पहले हम जीवन का अर्थ क्यों नहीं खोजते? मुझे लगता था कि ज्ञान का हमें बहुत भरोसा है। लेकिन अभी तक मूलभूत प्रश्न का विचार तो किया ही नहीं। *(विराम)*

पराग : मुझे दूसरी चिन्ता परेशान कर रही है। किस तरह की वीरानी में मैं अपने बच्चे को छोड़कर जाने वाला हूँ? कल वह खड़ा होकर पूछेगा कि मेरी विरासत क्या है? यह मरुस्थल? तो मैं क्या उत्तर दूँगा? अभय! बच्चा हो और उसका दाय उसे न दिया जा सके, इससे बड़ा अपराध दूसरा नहीं? *(विराम)*

अभय : नष्ट होने की सजा भोगने के लिए मैं तैयार हूँ। लेकिन यह तो पता चले कि वह क्यों है? एक दिन यह शरीर नष्ट होगा। राख हो जाएगा। लेकिन इस शरीर की अनन्त इच्छा, आकांक्षा, वासना कहाँ जाती हैं? वे भटकती रहती हैं, बिना शरीर के, इस आकाश के नीचे, नया जीवन खोजते हुए? मुझे बस इसी एक प्रश्न का उत्तर चाहिए। इसी से मन भर जाएगा। मरते समय मन को तालाब की तरह लबालब भरा रहना चाहिए। *(विराम, हँसता है)* फिर तालाब! वह भी सूखा पड़ा है। क्यों भाभी?

नन्दिनी : एक दिन वह लबालब भरेगा।

अभय : आपका ठीक है। आपके मन में कभी कोई प्रश्न ही नहीं उठता।

नन्दिनी : खुद ही उत्तर बन जाइए तो प्रश्न कैसे उठेगा?

(नन्दिनी और अभय एक-दूसरे को देखते रहते हैं। धीरे-धीरे अन्धकार होता है दृश्य दो समाप्त)

तृतीय दृश्य

[उसी रात का सुबह होने के पहले का समय। पराग अपने कमरे में चटाई पर लेटा है। उसकी नजर ऊपर दीवाधार पर टिकी है। नन्दिनी आकर उसके समीप बैठती है।]

नन्दिनी : थक गये हैं न?

पराग : *(गहरी साँस लेकर)* मेरे पास बैठो।

नन्दिनी : नींद नहीं आ रही है?

पराग : नहीं।

नन्दिनी : देवर जी के बारे में सोच रहे हैं न?

(पराग उसके हाथ पर उँगलियाँ फिराता है।)

पराग : मेरे मन की बातें तुम्हें कैसे मालूम पड़ जाती हैं?

नन्दिनी : *(अपनी हथेलियों से उसकी आँखें ढँकते हुए)* सो जाइए।

(पराग उसके दोनों हाथ अपने हाथ में लेकर सीने से लगाता है और उसकी ओर देखता रहता है।)

पराग : मुझे एक बात अच्छी तरह से बताओ। *(विराम)* अपने घर प्रभा बुआ और अभय खरे बुद्धिमान। चन्दू काका तो देव पुरुष हैं। इनकी कोई निशानी पीछे रहने वाली नहीं है। नन्दा, यह व्यवस्था मेरी समझ में नहीं आती।

नन्दिनी : समझ में आ भी जाय तो क्या बदली जा सकेगी? इसलिए जो है उसे स्वीकार करना चाहिए।

पराग : जैसा अभय कहता है वैसी मूढ़ता से?

नन्दिनी : धैर्य से। *(विराम)*

पराग : तुम्हारे बिना मेरा क्या हुआ होता?

(नन्दिनी उसका हाथ उठाकर अपने गालों पर रखती है।)

नन्दिनी : कितना दु:ख उठाते हैं?

पराग : तुम्हें नहीं होता?

नन्दिनी : नहीं।

पराग : कैसे सम्भव होता है?

नन्दिनी : आप बहुत विचार करते हैं। भूतकाल की। भविष्य काल की। पीछे के दुख, आगे की चिन्ता। इन दो चिन्ताओं में जीवन की गति को क्यों तोड़ देना चाहिए? वर्तमान का समय किस प्रकार बिताया जाय, यही देखना चाहिए। अपने हाथ में अपनी एक ही चीज है और वह है धैर्य!

(पराग उसके खुले बालों को बायें हाथ से कान के पीछे सँवारता है।)

पराग : कल से मैं मैना का खाना ले जाकर दूँगा।

नन्दिनी : मुझे गाँव के लोग कुछ कहते नहीं।

पराग : नहीं। यह काम मुझे ही करना चाहिए।

(उसकी हथेली को उठाकर अपने माथे पर रखता है।)

नन्दिनी : ज्वर है क्या?

(उसका सिर दबाने के लिए वह आगे झुकती है। उसके साथ ही उसके खुले बाल पराग के चेहरे पर पड़ते हैं। वह बालों से अपना चेहरा ढँक लेता है। गहरी साँस लेता है।)

पराग : तू कितनी मेरी अपनी है!

(नन्दिनी अपना मस्तक उसके कन्धे से टिका देती है। पराग उसे अपनी बाँहों में भर लेता है।)

पराग : मैं अपना सारा दु:ख-सुख, अपना भला-बुरा, अपनी हार-जीत तुम्हें सौंपकर निश्चिन्त हो जाता हूँ। मुझसे तुम कभी दूर न होना।

(खामोशी)

बोलो ना।

नन्दिनी : कभी हममें से किसी को आगे जाना ही पड़ेगा। दूसरे को पीछे आना पड़ेगा। है कि नहीं?

पराग : हाँ।

नन्दिनी : उसकी तैयारी रखनी होगी।

पराग : रखेंगे। मुझे बहुत मिला है। इतना मिला है कि मन लबालब भर जाय। अब जीवन के अन्तिम क्षण तक इस मरुस्थल में आनन्दपूर्वक अकेले चलता रह सकता हूँ।

(नन्दिनी उसके और समीप आती है। उन दोनों की पकड़ मजबूत होती है। आस-पास की शान्ति जड़ श्वास से भर जाती है। कुछ क्षण अद्वैत की स्थिति। फिर दरवाजे की कड़ी को दरवाजे पर खड़खड़ाने की आवाज आती है। दोनों अलग होते हैं। नन्दिनी उठकर दरवाजा खोलती है। दरवाजे पर चन्दू खड़ा है। वे कुछ समय एक-दूसरे को देखते रहते हैं।)

नन्दिनी : क्या चाहिए काका?

(चन्दू खुली आँखों उसे देखता रहता है। वह अपनी स्थिर और शान्त आँखों को उसकी आँखों पर टिकाती है। इस स्थिति में कुछ क्षण बीतते हैं। फिर चन्दू एकदम पेट की ओर झुककर कराहने लगता है। नन्दिनी आगे आकर उसकी पीठ पर हाथ रखती है। चन्दू इस तरह दूर छिटकता है जैसे बिजली का धक्का लगा हो। वह छटपटाते हुए घर में जाता है। अन्दर चन्दू की विकलता सुनाई पड़ती है। उसकी विकलता रोने में, फिर जोर से रोने में बदलती जाती है। जैसे कैंसर रोग की पीड़ा असह्य हो जाने पर जानवर की तरह चिल्लाते हैं। इसी तरह चन्दू घर के भीतर चीखते हुए घूमता है। बाहर अभय, पराग और नन्दिनी अपनी जगह पर स्तब्ध खड़े हैं। फिर कुछ क्षण बाद एकदम शान्ति फैल जाती है। कुछ समय बाद चन्दू झुका हुआ बाहर आता है और जमीन पर लेट जाता है। नन्दिनी उसके पास जाकर उसके माथे पर हाथ रखती है।)

चन्दू : *(अनजाने में)* माँ!

(प्रकाश धीरे-धीरे बदलता जाता है। चन्दू गर्भ स्थित बच्चे की भाँति अपने अंगों को सिकोड़कर समेटे जमीन पर पड़ा रहता है। नन्दिनी का हाथ उसके माथे पर फिरता रहता है।

झिलमिलाते प्रकाश में चन्दू नन्दिनी से क्या कहता है यह पराग और अभय को सुनाई नहीं देता। उनकी समझ में केवल इतना आता है कि चन्दू और नन्दिनी में शब्दहीन संवाद चल रहा है।)

चन्दू : माँ! *(विराम)* थक गया हूँ। कितना भागूँ? इस संसार से, तुमसे और अपने आप से। सारा जीवन भागते हुए बीता। पहले सोचा कोई उद्देश्य होगा। कोई प्रयोजन। पिछले जन्म के पापों का दण्ड। मेरा अपना प्रारब्ध। उसे स्वीकारूँ, भोगकर समाप्त करूँ। उसे भोगते हुए उस तालाब का सहारा था। अन्त में वह तालाब अपने में समा लेगा। जीवन की जलन शान्त होगी। यह सोचकर धैर्य धारण किया। वह तालाब कहीं अवश्य है, इस विश्वास से जब तक घर पर था, सुख होता था।

(खामोशी)

लेकिन तालाब की खोज में निकला तभी से उसने धोखा देना शुरू कर दिया। इस धूप में कितने नये-नये रास्तों को पार किया। कितनी दिशाओं में चारों ओर घूमा। लेकिन वह मुझे चकमा देता रहा। उसकी पुकार को सुनकर वनों-बीहड़ों और काँटे-कंकड़ों में शरीर को लहू-लुहान करते दौड़ता रहा। लेकिन कुछ दिखा नहीं। कुछ भी हाथ नहीं लगा। और बाद में वह पुकार भी बन्द हो गयी।

(खामोशी)

कहीं भी छाया नहीं, कहीं भी पानी नहीं। मैं खेत पर लेटा। सूर्य की तीखी किरणें सीधे मेरी आँख में घुसीं। प्रभु इन आँखों को जला दो, गड्ढा कर दो। इस तुच्छ शरीर और जीवन को जला दो। नष्ट कर दो तालाब की चाह। धरती ने नकार दिया, दिशाएँ परायी हो गयीं, यह लम्बा-चौड़ा आकाश भी हमारे एकाकीपन को सँभाल नहीं पाता। वह तालाब कहीं था ही नहीं। वैसा तालाब होता ही नहीं। मैंने ही निर्मित कर लिया अपना तालाब। अपने आपको फँसाता रहा।

(खामोशी)

समाप्त हो गया मेरा जीवन। खतम। उस मृगमरीचिका के पीछे भागते हुए व्यर्थ कर दिया। कुछ भी नहीं हो सका। शरीर था उसका, कुछ उसे दिया नहीं। उसकी पुकार कभी सुनी नहीं। शरीर सुख के बाजार से मैंने स्वयं को वंचित कर दिया। जो जहाँ मिला वहाँ मिला वैसा सुख। लेकिन क्यों निरन्तर तड़पता रहता है? प्रत्येक सुख के लिए आत्मा में फफोले क्यों उठते हैं? *(विराम)* सुख नहीं, तालाब नहीं। यह शरीर और उसके भीतर की तड़फड़ाहट ही सत्य है। *(विराम)* इसका जवाबदार कौन है? इसका विश्वास नहीं कि इस प्रश्न का उत्तर है।

(खामोशी, नन्दिनी उसका सिर उठाकर गोद में लेती है। चन्दू शान्ति से बगल में हो जाता है।)

चन्दू : मैं अभी आता हूँ।

नन्दिनी : कहाँ जा रहे हैं?

चन्दू : मैना के पास! उसका कोई नहीं है।

(खामोशी, चन्दू शान्ति से घर के बाहर निकलता है। फिर धीरे-धीरे प्रकाश पूर्ववत् होता है। सभी अपनी-अपनी जगह पर मूर्तिवत् अचल। क्षणभर के बाद पहले की तरह होहल्ला सुनाई पड़ता है। होहल्ला बढ़ता जाता है। पराग कुछ देर खड़ा रहता है। फिर शीघ्रता से बाहर जाता है। अभय भी उसके पीछे जाता है। वे जिस ओर गये, नन्दिनी उसी दिशा में देखती रहती है। अन्धकार। दृश्य तीन समाप्त)

चतुर्थ दृश्य

[दूसरे दिन की सुबह। फिर खरी धूप। बाहर से आने वाली धूल पराग, अभय, नन्दिनी। कुछ समय शान्ति।]

अभय : मुझे वापस जाना चाहिए। सिन्थिया अकेली है। *(विराम)*

पराग : तुम कल आये। पर लगता है कि इन चौबीस घण्टों में एक युग

बीत गया। *(विराम)*

काका चले गये। मृत्यु के शिकार हो गये। *(विराम)* किस प्रकार सूखे तालाब में आड़े-टेढ़े पड़े थे। उनकी मुट्ठी बन्द। किसी तरह खोला तो उसमें केवल मिट्टी। हमेशा भागते रहे। अब कहाँ होंगे?

अभय : उनकी अस्थियाँ उठानी चाहिए।

पराग : नहीं! वहीं तालाब में ही रहने दो। कभी तो वर्षा आएगी। तालाब पानी से भर जाएगा। उन्हें हमेशा के लिए अपने पेट में समा लेगा।

(विराम। अभय उठता है। खम्भे से टिकी रकसॅक (पीठ पर लादने वाला थैला) उठाता है।)

अभय : चलता हूँ।

पराग : फिर मिलेंगे। कहीं न कहीं। निश्चित ही। चलो।

अभय : नहीं। भाभी सन्देशा देने के लिए बाहर न आएँ।

नन्दिनी : ठीक से जाइए। बहुत लम्बी यात्रा है।

अभय : हाँ। लेकिन उस मुकाम पर मेरी राह देखनेवाला कोई है। चलता हूँ।

(नन्दिनी सिर हिलाती है। अभय दुखी मन से पैर उठाता है। पराग की ओर बिना देखे जाने लगता है। जाते हुए अभय की ओर नन्दिनी और पराग देखते रहते हैं। अभय आँगन तक आता है, उसी समय बेटा भीतर से आता है और नन्दिनी के पास खड़ा हो जाता है। उसका संकेत पाकर अभय मुड़कर बच्चे की ओर देखता है। बच्चा झट से नन्दिनी की आड़ में चला जाता है। अभय हँसता है और धीरे-धीरे बाहर जाता है। एक क्षण में बच्चा दौड़कर बाहर के दरवाजे पर आता है और दूर जाते हुए अभय की ओर (जो अब दर्शकों को नहीं दिखाई दे रहा है) देखता रहता है। एक क्षण बाद नाटक के आरम्भ में सुनी हुई बाँसुरी की धुन बजती है। खामोशी। धीरे-धीरे प्रकाश क्षीण होता है और फिर पूर्ण अन्धकार। दृश्य चार समाप्त)

❑❑❑